TÖPFERN

TÖPFERN

EINE EINFÜHRUNG IN DAS TRADITIONELLE KUNSTHANDWERK

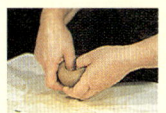

LINDE WALLNER

KÖNEMANN

This book was designed and produced by
Quintet Publishing Limited
6 Blundell Street
London N7 9BH

Creative Director: Peter Bridgewater
Art Director: Ian Hunt
Designer: Sally McKay
Project Editor: Sally Harper
Editor: Richard Rosenfeld

Original Title: Introduction into Pottery

© 1996 für die deutsche Ausgabe
Könemann Verlagsgesellschaft mbH
Bonner Str. 126, D-50968 Köln
Redaktion und DTP-Satz der deutschen Ausgabe:
Thomas Heider, Bergisch Gladbach
Übersetzung aus dem Englischen: Dagmar Freytag, Bensheim
Druck und Bindung: Sing Cheong Printing Co., Ltd.
Printed in Hong Kong
ISBN 3–89508–177–9

Bildnachweis: Visual Arts Library: Seiten 65, 84, 91, 96, 115, 125
Daphne Carnegie Ceramics: Seiten 102, 124
Ruprecht Stempell: Umschlagvorderseite

INHALT

Einleitung

Ton – ein Material des Altertums

Das Töpferhandwerk kann bis ins 7. Jahrhundert vor Christus zurückverfolgt werden und war wohl tatsächlich das „älteste Gewerbe der Welt". Unter den ältesten Funden befinden sich kunstvolle Figuren, Abbildungen von Menschen und Tieren sowie Haushaltsgerätschaften einschließlich Becher und Schalen. Um 3600 vor Christus waren in Mesopotamien die ersten Töpferscheiben im Einsatz. Diese Scheiben sind nicht mit den heutigen vergleichbar und wurden als Hilfsinstrumente für streng symmetrische Arbeiten benutzt. Die alten Ägypter arbeiteten als erste mit fußbetriebenen Töpferscheiben und entwickelten auch die ersten Glasuren. Interessanterweise waren diese ersten Fußscheiben bereits Drehscheiben und funktionierten nach demselben Prinzip wie die heutigen Versionen. Der weitverzweigte Handel mit Töpferware, zum Beispiel entlang der Seidenstraße vom Fernen Osten nach China, hatte zur Folge, daß ähnliche Techniken und Muster in vielen Orten, Epochen und Kulturen auftauchten. In der Tat werden ganze Zeitalter nach keramischen Mustern und Formen unterschieden und benannt – „Bandkeramik", das „geometrische Zeitalter" etc. Die besterhaltenen Stücke sind Grabbeigaben. Sie liefern uns ein genaues Bild der Gesellschaft durch die Jahrhunderte.

RECHTS: **Ein Krug aus dem Niger, verziert mit Schlicker und Farbpigmenten; eine zeitgenössische Arbeit, aber traditionell hinsichtlich Stil und symbolhafter Bemalung.**

Historischer Abriß

DER NAHE OSTEN

Seit dem 7. Jh. v. Chr. besiedelten bäuerliche Gemeinschaften der Jungsteinzeit die natürlichen Oasen des Nahen Ostens. Die ältesten bekannten Keramikobjekte wurden bei Jericho in Palästina entdeckt. Die Funde von Hacilar in Anatolien stammen aus dem 6. Jh. v. Chr. und sind damit nur wenig jünger. Diese frühen Funde sind von Hand geformt und basieren auf einer runden Grundform. Bereits diese ersten Gefäße wurden mit einfachen Radierungen wie Streifen, Zickzack und Diamanten verziert. Zum Bemalen oder Färben nahm man Schlicker in einer kontrastierenden Farbe – Rot, ein gelbliches Weiß, Grau oder Schwarzbraun, je nach Tonart.

Damals polierten die Töpfer die Oberfläche ihrer Keramiken mit Kieselsteinen. Diese Technik sorgte nicht nur für eine glatte Oberfläche, sondern machte auch die Außenwand wasserdicht. Als weiterer Effekt erhielt die Arbeit so eine mattglänzende Oberfläche. Das Zentrum dieser frühen Periode lag im heutigen Iran.

Bis zur Mitte des 5. Jh. v. Chr. fertigte man in Mesopotamien „Samara" (das Produkt wurde nach dem Ort seines ersten

Auftretens benannt). Ebenso faszinierende Stücke werden auch in anderen Regionen Mesopotamiens gefunden. Bei genauerer Betrachtung dieser Stücke wird klar, daß es sich hier nicht um Alltags-, sondern um Kultgegenstände handelt. Zu den schönsten Arbeiten zählen die Keramiken von Susa im östlichen Grenzgebiet Mesopotamiens. Susa war vermutlich nicht nur das Zentrum der Keramikfertigung, sondern auch Handelszentrum für religiöse wie weltliche Gefäße.

Vom 4. Jh. v. Chr. an tauchten dünnwandige, elegante Schüsseln, Backformen, Vasen und Kelche verschiedener Größen auf. In Susa entwickelte sich auch der erste klassische Stil, der exzellente Keramikarbeiten hervorbrachte. Geometrische Muster erscheinen da neben stilisierten menschlichen Figuren und Tieren; auch florale Schmuckelemente waren weit verbreitet. Diese Verzierungen waren rot oder schwarz gefärbt. Durch Einsatz der Töpferscheibe viele Jahre später erlangten die Töpfer die Fertigkeiten der Samara-Periode zurück. Wasserdicht gemacht wurden die Keramiken mit hohen Brenntemperaturen. Keramiken aus Susa werden heute im Louvre in Paris gesammelt.

Einen weiteren Nachweis einer hochentwickelten Kultur bilden kleine Tontäfelchen aus dem 3. Jh. v. Chr., die man in Uruk, Südmesopotamien, fand. Diese Täfelchen tragen die ältesten, wenn auch nicht immer lesbaren, Schriftzeichen. Nach diesem „goldenen Zeitalter" der Keramikfertigung folgte jedoch eine wesentlich schlichtere Epoche dieses Handwerks, die in der Folge dann wiederum von einer neuen kreativen Periode abgelöst wurde.

CHINA

Bevor wir zur Entwicklung der Keramikobjekte kommen, die in Europa gefunden wurden, werfen wir einen Blick nach Ost-

RECHTS: **Wächterfigur aus Ton aus einem Grab der Tang-Dynastie.**

asien, wo sich das Töpferhandwerk schneller entwickelte als in jeder anderen Region.

Die frühesten Spuren des chinesischen Volkes reichen zurück bis in die Jungsteinzeit. Chinesische Keramiken lassen sich ebenfalls bis auf diese Periode zurückdatieren. Die Existenz dieser neolithischen Kulturen belegen Keramiken aus bedeutenden Produktionszentren des 5. Jh. v. Chr., die als Grabbeigaben dienten. Die jungsteinzeitlichen Kulturzentren werden – entsprechend ihrer Töpferwaren – in drei Hauptgruppen eingeteilt: Westchina, die chinesische Ostküste und Südchina.

An der Ostküste gab es bereits im 3. Jh. v. Chr. gedrehte, unbemalte Keramiken von grauschwarzer Farbe. Auch in Südchina kannte man die Töpferscheibe. Dort wurden die Produkte entweder in Ritztechnik oder mit Schnüren verziert.

Die westchinesischen Kulturen stellten dünne Keramikarbeiten für ihren Totenkult her, in der Mehrzahl Urnen oder Grabbeigaben. Bereits im 1. Jh. v. Chr. verwendeten diese Töpfermeister eine einfache Feldspatglasur. Dies war der erste Schritt auf dem langen Weg zur Porzellanmanufaktur. Heute nimmt man an, daß Porzellan bereits im 7. Jahrhundert hergestellt wurde. Das erste Porzellan wurde vermutlich in demselben Brennofen gebrannt wie die Keramiken der Sung-Periode (960–1279). Diese Ware wurde „Ding-Yao" genannt, war fein gearbeitet, mit einer cremefarbenen Glasur überzogen und mit Gravuren oder der Stempeltechnik verziert.

Staatliche Unterstützung ermöglichte in der Folge ehrgeizigere und vielfältigere Arbeiten. Die Töpfer brannten die dünnwandigen Teller und Schalen auf dem Kopf stehend, deckten den unglasierten Rand mit Blattsilber, -kupfer oder -gold ab und schützten ihn so vor Beschädigung. Unser heutiges Goldrandgeschirr könnte sehr gut von dieser Tradition abstammen.

LINKS: **Porzellanvase der Qing-Dynastie verziert mit Rosen-Emaille.**

Die Herstellung des eigentlichen Porzellans begann während der Ming-Dynastie (1368–1644). Das typische blaue Dekor von chinesischem Porzellan geht auf islamische Einflüsse zurück. Um die Mitte des 14. Jahrhunderts zogen riesige Karawanen entlang der Seidenstraße vom Nahen Osten nach China. Das Herrscherhaus finanzierte erlesene Produkte, der Handel blühte. Der Entwicklung neuer Glasuren folgten neue Schmuckfarben: Rot, Grün und Gelb kamen ebenso zum Einsatz wie Kobaltblau. Ihre Blütezeit hatte die chinesische Porzellanproduktion unter Kaiser Kang-hi (1672–1722). Der europäische Markt verlangte das „weiße Gold", daher machten sich ganze Schiffsladungen von

Porzellan auf den Weg nach Europa. Dieses Porzellan war überaus sorgfältig gefertigt und von höchster Güte. Bis ins 18. Jahrhundert stieg die Produktion jedoch steil an, was einen gewissen Qualitätsverlust zur Folge hatte und zur heutigen Massenproduktion führte.

JAPAN

In Japan ging die Entwicklung von Gesellschaft und Töpferkunst ganz ähnliche Wege. Keramikfunde aus der Steinzeit wurden mit Schnüren, Radierungen oder einfachen Malereien aus erdfarbenen Materialien verziert. Vom 4. bis zum 6. Jahrhundert tauchten Haniwa-Figuren auf. Sie sind typisch japanisch und kommen in keiner anderen Frühkultur vor. Anfang des 5. Jahrhunderts werden eindeutig chinesische Einflüsse nachweisbar. Die wahre Bedeutung japanischer Keramik zeigt sich aber erst in der Che-no-yu-Tee-Zeremonie vom Ende des 16. Jahrhunderts. Die schlichte Einfachheit der Ware war in idealer Weise auf die Bedürfnisse der Teemeister zugeschnitten. Auch die Japaner richteten ihr Augenmerk auf Europa und exportierten große Mengen diverser Massenprodukte sowie Imitate klassischer Stücke dorthin.

Es gab nur noch wenige kleine Manufakturen, die die Traditionen wahrten. Ab 1930 entstand dann eine neue Stilrichtung; von nun an produzierte man moderne, typisch japanische Töpferei-Produkte. Sie vermeidet platte Schlichtheit sowie überflüssige Dekoration. Zeitgenössische europäische Keramikware folgt diesem Stil.

GRIECHENLAND

Das heiße Klima, viel Wasser und fruchtbares Ackerland rund um Thessaloniki waren der Grund, warum diese Region schon seit frühester Zeit besiedelt war; ebenso wie die Insel Kreta, die vermutlich ein Anlaufpunkt der alten Ägypter auf ihrem Weg nach Europa war. In Griechenland entstand die erste Hochkultur auf europäischem Boden. Schon aus dem 4. Jh. v. Chr. kennen wir grau-schwarze Gefäße, die mit einem Keramiklack aus Gemüsesaft überzogen waren. Die ersten Figuren waren korpulente Göttergestalten aus Ton, Teile einer matriarchalischen Gottheit. Sie stammen aus Kreta und bilden den Beginn der minoischen Kultur. Graurot-schwarze Keramiken mit Gravuren und polierten Mustern sind kennzeichnend für diese Periode an der Wende vom 4. zum 3. Jh. v. Chr. Bemalte Gefäße erscheinen etwa gegen Ende des 3. Jh. v. Chr.

Diese alten Griechen, oder auch „Minoer" genannt, kannten das Geheimnis des „Reduzierenden Brandes": Wird Metalloxid in einer Atmosphäre gebrannt, der man den Sauerstoff entzieht, so erzeugt es Farbveränderungen. Anatolische und ägyptische Einflüsse weisen auf einen blühenden Handel hin. Die Zerstörung Kretas, vermutlich durch den Vulkanausbruch auf Thera (Santorin), beendete diese frühminoische Kultur. Die wenigen Relikte dieser Epoche umfassen Schnabelkrüge, Teekannen, riesige Vorratsgefäße, Vasen und Schalen, die zum Teil unter dicken Ascheschichten entdeckt wurden. Diese Funde ermöglichen es uns heute, ein recht genaues Bild der minoischen Kultur zu zeichnen. Da die poröse Oberfläche der Vorratsgefäße Flüssigkeiten aufnahm, wissen wir beispielsweise, was man damals aß und trank. Darüber hinaus sind Tontafeln mit Schriftzeichen und vollständigen Inventarlisten aus dieser Zeit erhalten. Inschriften fand man auch auf Krügen aus dem Palast von Kadmos in Theben.

Bereits zu einem frühen Zeitpunkt begannen die Griechen, ihre Gefäße zu dekorieren. Ihre Muster kamen in kurzen Zeitabständen überall in Griechenland auf,

OBEN: **Weißgrundiger Lekythos (Graböl-Behältnis) aus Athen, Ende des 5. Jh. v. Chr.**

von den Inseln bis zum Festland. Töpferware vom Festland war hochwertiger als die von den Inseln. Die Form war mit der Inselware identisch. In der alten Stadt Tanagra gab es kleine, bemalte weibliche Tanagra-Figuren. Aus spätminoischer Zeit stammen die Wellenlinien, Spiralen, Rosetten, Doppeläxte (von denen einige entlang der Naturmotive auftauchen), Olivenzweige, Blätter, Lilien, Schilf und andere kretische Pflanzenarten, die auf Vasen, Schalen und Bechern zu sehen sind.

Später wechselte man zu Unterwasser-Motiven wie Seesternen, Tintenfischen und anderen Meeresbewohnern. Dieser maritime Stil wurde von der Rückkehr zu einfachen, meist abstrakten Schmuckelementen abgelöst, deren Ursprung kaum erkennbar war. In der Zwischenzeit wurden auf dem Festland ganze Geschichten auf Gefäßen abgebildet. Allerdings war mit dem Niedergang der Mykenischen Herrschaft auch ein Niedergang der Töpferei verbunden. Später, im geometrischen Zeitalter Athens, stößt man erneut auf Schlängel- und Zickzackmuster, Rechtecke, Rhomben und Spiralen.

Korinthische und attische Töpfer wetteiferten miteinander. Die Korinther folgten dem geometrischen Stil mit Tierdarstellungen und Pflanzenornamenten. In Attika setzte man auch figürliche Darstellungen ins geometrische Dekor ein. Das Zeitalter des Perikles brachte eine Flut von Keramikarbeiten hervor. Die Vasen wurden nun auch mit Faunen, jungen Frauen, Sportlern, Tieren und ganzen Jagdszenen dekoriert. Das hat sich auch in den Arbeiten von heute erhalten.

ETRURIEN

Man weiß nur wenig von den Etruskern, obwohl man annimmt, daß sie ursprünglich aus Griechenland stammten. Vielleicht war Aeneas auf seiner Flucht vor Agamemnon einer ihrer Vorväter. Das würde zumindest den starken griechischen Einfluß auf die etruskischen Töpferarbeiten erklären. Griechische Kunstgegenstände und Keramiken wurden im 7. Jh. v. Chr. im gesamten Mittelmeerraum gehandelt. Da es in Etrurien keinen Marmor gab, fand man dort relativ große Mengen Terrakotta. Später, nach dem Aufstieg Roms zum Weltreich im 3. Jh. v. Chr., verlor Etrurien mehr und mehr an Bedeutung.

ROM

Die Römer übernahmen von den Griechen nicht nur ihre Götter (denen sie neue Namen gaben), ihren Architekturstil und

UNTEN: **Die Erschaffung der Pandora, eine Athenische Rot-Figur-Vasen-Malerei Anfang des 5. Jh. v. Chr.**

ihre Skulpturen, sondern auch ihre Techniken der Keramikmanufaktur. Da das römische Weltreich sehr groß war, gab es auch viele verschiedene Töpferarbeiten. Eine der häufigsten war *terra sigillata*, eine Art versiegelte Tonware, die auch im östlichen Mittelmeerraum hergestellt wurde. Diese wurde mit sorgfältig gewaschenem rotem Aluminiumoxid gefertigt, mit großer Hitze gebrannt und mit einer dünnen Glasur überzogen. Oftmals waren diese Keramiken mit einem Reliefmuster dekoriert. Dazu benutzte man Tonformen, in die man die Reliefs eingeschnitten hatte. Mit Walz- oder Stoßwerkzeugen wurde dann der noch weiche Ton in diese Formen gepreßt. Aufgrund der Schrumpfung während des Trocknens konnten die Töpfer die Formen danach einfach abnehmen. So wurde in der Folge die „Serienproduktion" aufgenommen.

Große Fabrikationsstätten entstanden in Toulouse in Südfrankreich, in Nordafrika und am Rhein. Die wunderschönen Stücke, die man dort herstellte, dienten vornehmlich als Tafelgeschirr. Zusätzlich stellte man rauhes, grobes Tongeschirr zur Grundausstattung und Vorratshaltung her. Im 1. Jahrhundert traten auch erstmals einfache Bleiglasuren auf.

Wo immer man auf römische Überreste stößt, haben die römischen Töpfer nicht nur Geschirr, sondern auch eine Menge Lampen zurückgelassen. Diese einfachen Öllampen, die man im gesamten römischen Herrschaftsbereich findet, waren ursprünglich mit heidnischen, später mit christlichen Motiven verziert. Andere häufige Entdeckungen sind sorgfältig verarbeitete Masken und Terrakotta-Stücke.

DIE NEUE WELT

In den alten Zivilisationen Lateinamerikas stoßen wir abermals auf Keramikfunde aus einem sehr frühen Stadium. Die ältesten Produkte kommen aus Ecuador und stammen aus dem 4. Jh. v. Chr. Die Muster und Formen der Töpferwaren liefern uns ein gutes Bild von dieser frühen peruanischen Periode. Zur Chavin-Zeit, die Zeit der römischen Weltherrschaft, waren die Skulpturen und bemalten Trinkgefäße Kultgegenstände, die für religiöse Zwecke genutzt wurden. Tongefäße, Tierfiguren und allerhand Musikinstrumente haben als Grabbeigaben diese Zeit überdauert. Die Trinkgefäße waren meist „Abschiedstrunk-Becher" oder hatten Ausgießer in Form von Vogelschnäbeln. Auch Tiere und Menschen waren als Gefäße dargestellt. Die Motive wurden vorgeritzt und kalt aufgemalt. Es sind Symbole und Zeichen: Rauten, Spiralen, Sonnen, Kreuze, Zickzackmuster. Trotz der Unterschiede zwischen Nord- und Südamerika gibt es Gemeinsamkeiten.

Die hochstehenden Zivilisationen in Mexico und Peru stellten mit einfachsten Mitteln wahre Meisterwerke her. Da die alten Kulturen in Lateinamerika die Töpferscheibe nicht kannten, bauten sie den Ton auf und formten ihn mit Werkzeugen. Mit Glasurschlicker und Oxiden verschönerte man die Stücke. Dann wurde die Oberfläche poliert und vor dem Brennen mit Kieselsteinen komprimiert. Im 16. Jahrhundert entdeckten die spanischen Eroberer nicht nur kunstvolle Goldarbeiten, sondern auch Keramiken auf hohem technischen Stand. Die Stämme Nord- und Südamerikas töpfern ihre Tonwaren noch heute so. Die vielfarbige Tonerde Amerikas verhilft ihnen zur Keramikherstellung und -dekoration in allen Farben.

MAJOLIKA, FAYENCE, DELFT

Bei diesen dreien handelt es sich um Porzellan-Maltechniken, die nach ihren Ursprungsorten Mallorca, Fayence und Delft benannt sind. Das Charakteristische dieser Maltechniken besteht darin, daß die Farben zusammen mit Oxiden oder anderen Farbstoffen auf die noch ungebrannte Glasur aufgebracht werden. Durch Einätzen verbindet sich die Malerei mit der Glasur unauslöschlich mit der Töpferware; eine Technik, die ursprünglich aus dem Nahen Osten stammt. Dort benutzte man Glasuren bereits um 2000 v. Chr.

Ein gänzlich anderer Stil der islamischen Keramik stammt aus dem 9. Jahrhundert. Anfänglich waren es blau-weiße Malereien, Kopien des chinesischen Stils, die Vorläufer des blau-weißen Porzellans wurden. Islamische Keramik entwickelte sich in ständigem Austausch mit China.

Die entscheidende selbständige Errungenschaft der Moslem-Keramik im 9. Jahrhundert liegt im metallisch schimmernden

Glanz der Glasuren und der Kacheln, die man gewöhnlich bemalte und als Gebäudeschmuck verwandte. Kunstvoll ausgearbeitete religiöse Inschriften erscheinen auf Kacheln und Schalen. Später entwickelte sich diese Kalligraphie zu Ornamenten wie Arabesken. Dazu bemalten die Töpfer eine Art Zinnglasur mit Kobaltblau, Kupfergrün, gelblichem Braun (Eisenoxid) und Manganbraun. Das Bemerkenswerteste an diesen Keramiken sind ihre brillanten Farben, nicht zuletzt deshalb, weil zu diesem Zeitpunkt in Europa noch einfache Tonware vorherrschte.

Über das Maurische Spanien hinweg verband Fayence westliche und östliche Kulturen. Die Kreuzfahrer brachten Kacheln nach Europa, um sie für öffentliche Bäder und Paläste zu verwenden, die ebenfalls mit komplizierten Mosaiken verziert waren. Die Nachfrage war so groß, daß eine bedeutende Töpferindustrie um Malaga und Valencia entstand. Das Handelszentrum war Mallorca (der Ausdruck „Majolika" tauchte erst im 15. Jahrhundert auf.) Von dort gingen die Waren nach

alla porcellane (Familie nach Art der Chinesen) und der *stile bello* (der schöne Stil). Manufakturen schossen aus dem Boden, die unterschiedliche Arbeits- und Maltechniken benutzten und ihren eigenen Stil kreierten. Der Vorliebe für überschwengliche Dekoration folgte eine Periode der Mäßigung, beschränkt auf die Farben Blau, Gelb, Orange und Grün.

Auch die Holländer waren berühmte Fayence-Maler, die ihren Stil nach italienischen Vorlagen entwickelten. Anfangs waren Kacheln und Teller traditionell bemalt, später setzte sich in Delft chinesischer Einfluß durch. Denn als Johannes Friedrich Bottger das erste Porzellan 1708 in Europa erzeugte, begann der Siegeszug der feinen weißen Keramikmasse. Fayence wird zwar heute noch in kleinen Manufakturen gefertigt, aber es hat keine wirtschaftliche Bedeutung mehr.

MODERNE EUROPÄISCHE KERAMIKEN

Die Töpfer des 18. und 19. Jahrhunderts beschränkten sich wie zur Römerzeit auf einfache Gebrauchsgegenstände. Vornehme Gedecke bestanden nun aus Porzellan. Sogar für kleine, künstlerisch gefertigte Skulpturen verwendete man das neue Material. Der Jugendstil arbeitete mit noch eleganteren Materialien: Glas, Silber, Perlen, Elfenbein. Erst nach dem Ersten Weltkrieg und wegen Massenproduktion und Industrialisierung begann eine Renaissance der Töpferkunst. Die Bauhaus-Bewegung zeichnete die Linien vor. Zusammen mit billiger Massenproduktion kamen neue, klar gestaltete Keramiken nach Europa, die nichts mehr mit der reichgeschmückten Ware des 17. und 18. Jahrhunderts verband. Aus dieser Rückkehr zu dem leicht formbaren Material Ton und aus der Entwicklung neuer Glasuren entstanden gänzlich neue Arbeiten.

LINKS: **Figur aus der Serapis Fayence-Manufaktur in Wien, um 1925.**

UNTEN: **Große Doulton-Fayence-Vase, mit Malven und Schmetterlingen bemalt. Sie stammt von Florence Lewis, einer Künstlerin aus dem Studio Doulton & Lembeth.**

Italien und Südfrankreich. Die italienische Majolika-Produktion befand sich im Raum Umbrien und in der Toscana.

Bei Fayence handelt es sich um ein dekoratives Muster mit Motiven aus der Architektur, geometrischen Elementen, Waffen, Tieren sowie Szenen aus Altertum und Altem Testament. Schnell gewannen die Künstler an Selbstbewußtsein, sie signierten ihre Werke und gründeten Künstlerfamilien. Gefäße und Geschirr wurde nicht nur signiert, sondern auch mit Halbreliefs geschmückt. Lucca della Robbia entwickelte große Skulpturen in dieser Technik. Es bildeten sich neue Stilrichtungen wie der *stile severo* (der strenge Stil), die *famiglia verde* (die grüne Familie), die *famiglia florale gotica* (Familie der gotischen Blumen), *famiglia*

KAPITEL eins

Keramik: Erde, Wasser, Luft und Feuer

LINKS: **Blau geäderter Raku-Krug von Harvey Sadow Jr., USA. Seine blaue Farbe erhält er durch Kupferoxide.**

Die Tonerde

Hauptbestandteil von Töpferware ist Ton. Er entsteht kontinuierlich beim Zerfall feldspatreichen Gesteins. Aber die dicken Tonböden wurden von den Schmelzwasserflüssen der Eiszeit geschaffen. Diese mächtigen Flüsse führten große Steinbrocken mit sich, die in kleine Stücke zerbrachen, die dann wiederum noch weiter fortgeschwemmt wurden. Wo die Ströme ruhiger dahinflossen – in den Flußebenen und in den Tälern –, lagerten sich die feinen Tonpartikel ab. Im Lauf der Jahrhunderte wuchsen diese Ablagerungen zu beträchtlicher Stärke an. Andere Tonböden sind Verwitterungsprodukte von Wind, Frost, Wasser und Hitze. Pflanzen, die durch die Erdschichten brachen, setzten den Zerfallsprozeß zusätzlich in Gang. Der so gebildete Ton ist ein feines Sedimentgestein von grauer, grüner, gelber, roter oder blauer Farbe. Welchen Farbton der Ton aufweist, hängt von der Farbe des Ursprungsgesteins und von den darin dominierenden Mineralien ab. Ton enthält oft auch Quarz und Muskovit. Dort, wo Aluminiumoxide in reiner Form vorkommen, entsteht Kaolin, ein wichtiger Grundstoff in der Porzellanherstellung. Obwohl die Natur immer noch Ton produziert, eignen sich die älteren Sorten am besten zum Töpfern. Man erzielt damit die besseren Ergebnisse.

Im Altertum breiteten die Töpfer dicke Lehmschichten aus, die sie dem Wetter aussetzten, reinigten und durchkneteten – eine langwierige Prozedur. Japanische Töpfer sollen den Ton angeblich so für Ihre Nachkommen vorbereitet haben. Und tatsächlich wird dort in kleinen Manufakturen bis heute so verfahren. Zum Glück wird unsere Tonerde heute aus Tonkleber, Brennton und Wasser speziell vorgefertigt – eine weit zuverlässigere Mixtur. Außerdem ist erwähnenswert, daß Töpfer meistens mit Ton arbeiten, der sich zwar gut für die Töpferscheibe eignet, aber nicht

OBEN RECHTS: Ein japanischer Bizen-Topf aus einer regionalen Tonart von einem der vielen Töpfereibezirke Japans. Man wickelt die Töpfe in gedrehtes Stroh, um den speziellen Farbeffekt zu erreichen.

UNTEN RECHTS: Tonschichten werden normalerweise nach ihrer Brenntemperatur kategorisiert. Auf diesem Bild sieht man (von oben) Rot-Ton, den häufigsten für Gebrauchskeramik verwendeten Typ; Knochen-Porzellanerde, die hauptsächlich für Gußtechniken benutzt wird; Steingut- und weißen Keramik-Ton – zwei Grautöne, die schwer zu unterscheiden sind; Porzellanerde, aus der nach dem Brennen die weißesten Rohlinge entstehen; und schwarzer Ton, den man durch Mischung von rotem Ton mit schwarzer Farbe gewinnt.

UNTEN: **Gefäß in polierter Wulsttechnik von Ann Harris, Großbritannien; es zeigt eine feine und dekorative Verbindung von Tonerde in drei Farbstufen – Schokoladenbraun, Rot und Orange.**

immer auch für andere Techniken. Und obwohl man Roh-Ton auch aus Ziegeleien beziehen kann, sind diese Sorten schwer zu bearbeiten, für feine Stücke unbrauchbar.

Bevor man Ton kauft, sollte man einige Vorüberlegungen anstellen. Zunächst ist Ton in verschiedenen Farben erhältlich: Weiß, Gelb, Rot, Braun und Schwarz. Diese Farbtöne haben keinen Einfluß auf die Modellierbarkeit oder Stabilität, sondern entstehen durch die Beigabe von Oxiden. Wenn man ein helles Stück herstellen

möchte, sollte man auch hellen Ton verwenden. Eine beigefarbene Mischung färbt sich dagegen aufgrund chemischer Prozesse während des Brennens rot.

Heutzutage ist es möglich, stabile Tonmischungen höchster Qualität für eine Vielzahl von Verwendungsmöglichkeiten industriell herzustellen. Sie werden für die verschiedensten Zwecke eingesetzt – in der Elektroindustrie (zur Isolation), in der Weltraumtechnologie, im modernen Kochherd (aus Glaskeramik), für riesige Abwasserrohre (Keramik) und für Mikrochips (ebenfalls Keramik). Und da Keramik bioverträglich ist, ist sie in künstlichen Hüftgelenken ebenso von Nutzen wie Zahnärzten, die schon lange mit Porzellanfüllungen arbeiten.

Für unsere Zwecke reicht es, fette und magere Tonarten zu unterscheiden. Den mageren Ton, den die Töpfer zum Drehen brauchen, haben wir bereits besprochen. Kommen wir also zur fetten Mischung, die nur wenig Schamotte enthält.

Schamotte-Ton besteht aus gebrannten, zerstoßenen Tonpartikeln, aber man benutzt ihn nicht zur Arbeit auf der Scheibe (obwohl das auch manche Töpfer tun), weil die scharfen Kanten in die Hände schneiden würden. Während des Trocknens verringert sich das Volumen, besonders von fettem Ton, und es bilden sich schnell Risse. Bei gedrehten Stücken ist jedoch die Gefahr von Rissen weniger groß, weil die Stücke rund sind und gleichmäßig schrumpfen. Vom feuchten Ton bis zur gebrannten Ware beläuft sich die sogenannte Schwindungsrate auf etwa 10 Prozent, in einigen Spezialmischungen auf bis zu 50 Prozent. Grober oder magerer Ton dagegen enthält einen gewissen Teil Schamotte; der vermindert zwar seine Formbarkeit, macht ihn aber stabiler, und das Trocknen ist weniger problematisch. Der Vorteil von Schamotte besteht somit darin,

OBEN: **René Buthaud, der führende französische Designer für Keramiken, schuf in den dreißiger Jahren diese Steingut-Vase mit der Gestalt eines Schwarzen.**

daß sie während des Brennens gut Form hält, obwohl die Scherbe rauher, poröser ist.

Das Problem ist also, gutes Material zu finden. Ton kann man auch leicht selber mixen, es sind verschiedene Mischungen im Handel. Grobe Tonarten enthalten viele große Schamotte-Körnchen. Sie eignen sich für große Stücke. Daneben gibt es weniger grobkörnige Mischungen für Figuren oder große Vasen. Feinkörnige Mischungen mit geringer Schamotte-Beimischung verwendet man für zierlichere Figuren, Broschen und Perlen oder zur Verzierung. Außerdem existiert spezieller Drehton für die Töpferscheibe, der nur einen sehr geringen Teil sehr feiner Schamotte enthält. Schließlich gibt es mittelkörnige Schamotte für Skulpturen.

Sie sollten sich beim Kauf unbedingt beraten lassen. Sie werden dabei erfahren, daß Ton meist in Batzen zu 10 oder 20 kg in Plastikhüllen verkauft wird. Er ist unbegrenzt haltbar. Sollte er dennoch austrocknen, brechen Sie die festen Klumpen in kleine Stückchen, legen sie in einen Eimer mit Wasser und lassen sie abgedeckt über Nacht stehen. Am nächsten Morgen kann man das Wasser abgießen oder mit einem Schwamm aufsaugen. Den Tonschlamm, der im Eimer zurückbleibt, breitet man auf Gipskarton aus. Warten Sie, bis der Gips das meiste Wasser aufgesogen hat, und kneten Sie den Ton durch. Danach ist er gebrauchsfertig (verschmutzten Ton jedoch wegwerfen).

Wasser

Ton enthält nicht nur mechanisch, sondern auch chemisch gebundenes Wasser, das beim Brennen verdampft. Man muß sich Tonmineral als Aufschichtung vieler kleiner, übereinandergeschichteter Plättchen vorstellen. Diese Plättchen werden von Wasser umgeben, das hält den Ton geschmeidig und formbar. Je mehr Mineralpartikel der Ton enthält, um so plastischer ist er und um so mehr Wasser kann er binden. Beim Brennvorgang entweicht dieses Wasser, was bedeutet, daß Ton-Rohlinge schnell schrumpfen. Dabei sollte man die Gefahr der Dampfentwicklung nicht unterschätzen: Wenn eine Töpferarbeit nicht genug vorgetrocknet ist, kann sie vom Dampf gesprengt werden.

Luft

Je mehr der Rohling bei der Trocknung schrumpft, um so nasser war der Ton. Stücke mit einem durchschnittlichen Gehalt an Brennton schwinden um ca. 5 bis 8 Prozent. Je fetter (und nasser) der Ton, um so größer die Schwindung. Wenn solche Stücke ungleichmäßig trocknen, können sie aus der Form geraten oder sogar Risse bekommen. Zugluft und zu schnelles Trocknen müssen daher unbedingt vermieden werden. Bei großen Stücken kann das Wasser zu Boden sinken; eine Vase trocknet (und schwindet) dann oben merklich stärker als unten und verliert ihre Proportionen. So baut sich Spannung auf und reißt die Vase ein. Ähnlich ist es bei Schalen und großen Tellern: Die Ränder trocknen schneller, und es bilden sich Risse.

Eine Lösung wäre, die Teile auf eine saugfähige Unterlage zu setzen, wie Gipsplatten oder Zeitungspapier. Bretter mit Löchern sind auch geeignet. Zugluft ist unbedingt zu vermeiden. Lassen Sie die Stücke langsam trocknen, indem Sie jeden Einzelbereich gesondert abdecken. Über eine große Vase legen Sie am besten eine Plastikfolie, die Sie jeden Tag ein Stückchen weiter anheben. So kann die Vase langsam von unten nach oben trocknen. Es ist jedoch schwierig, Schüsseln und Teller gleichmäßig zu trocknen. Man stellt sie am besten auf eine saugfähige

Unterlage und verrückt sie von Zeit zu Zeit, damit sie nicht im Wasser stehen. Sie sollten abgedeckt an einem kühlen Platz stehen. Hochwandiges Geschirr kann eingewickelt werden, aber Vorsicht: Es bricht sehr leicht! Auf Trockenregalen oder in Trockenschränken sind die Roharbeiten sicher aufbewahrt. Trocknungsrisse kann man zu einem frühen Zeitpunkt durch Bespritzen mit Wasser ausbessern, später ist es nicht mehr zu reparieren. Es ist ratsam, die Stücke zu prüfen. Sind die Teile dann trocken, seien Sie vorsichtig! Tragen Sie niemals ein Gefäß am Henkel, und halten Sie es mit beiden Händen. Übrigens: Die Arbeit besser etwas länger trocknen lassen, als sie feucht in den Brennofen zu stellen und so Dampfschäden zu riskieren.

Feuer

Beim Brennen mit Temperaturen zwischen 180°–250° C verdampft Wasser. Aber trotzdem sind die Stücke danach noch nicht völlig trocken: In den Wänden oder im Boden ist immer noch Wasser eingeschlossen. Luftkammern können ebenfalls Probleme machen. Da sich Luft bei Hitze

ausdehnt, kann sie nicht langsam durch die Glasur entweichen, sondern platzt heraus und zerstört die Arbeit. Also muß man den Ofen langsam aufheizen.

Zwischen 450°–600° C entweicht das Wasser, die Kieselkristalle verändern sich, und Tonerde wird zu Keramik. Das bedeutet, daß man die Hitze nur langsam steigern darf, damit die Töpferarbeiten diese Brennphase heil überstehen; danach kann man den Ofen bis auf 900° bis 940° erhitzen. Dabei härten die Rohlinge aus und werden so porös, daß die Glasur haftet. Lassen Sie die Teile langsam auskühlen, und haben Sie Geduld. Wenn Sie Ihre Arbeit glasieren wollen, muß sie für den Glasur- bzw. Glattbrand erneut in den Ofen. Nun fährt man auf 1 000° bis 1 300° C, je nachdem, ob man Irdenware, Steingut, Steinzeug oder Porzellan herstellen will. Diese Brennstufe entzieht dem Objekt das restliche Wasser. Nun ist die Glasur untrennbar mit der Töpferware verbunden. Wappnen Sie sich für das Brennen mit viel Geduld. Nach dem Rohbrand darf man die Stücke erst aus dem Ofen nehmen, wenn er abgekühlt ist; und danach muß man abwarten, bis die Glasur auskühlt.

OBEN: **Diese Vogelschar aus Porzellan entwarf der Bildhauer Edouard-Marcel Sandoz in den späten zwanziger Jahren.**

LINKS: **Die englische Töpferei Carter, Stabler & Adams stellte diese farbenprächtige irdene Tonvase her. Sämtliche Töpferarbeiten dieses Hauses waren von Hand gedreht und verziert.**

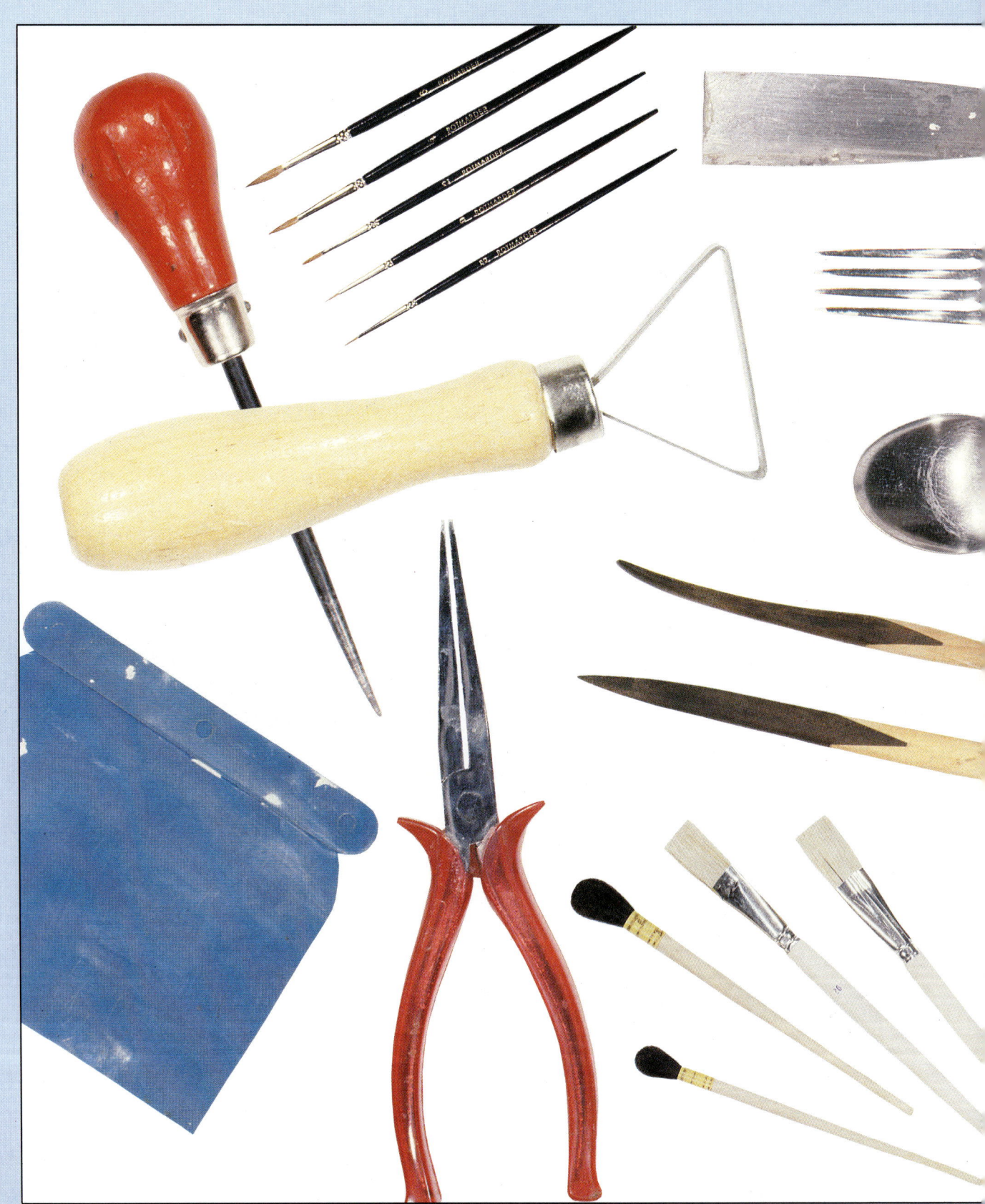

KAPITEL zwei

Die Ausrüstung

LINKS: **Einige Gegen-
stände, die man zum
Töpfern benötigt.**

Für die einfachen Tonformen braucht man nur wenig Werkzeug: ein saugfähiges Tuch, ein kleines Holzbrett, Schneidedraht und ein kleines Messer. Wer Geld sparen will, benutzt ein Küchenbrett aus Holz und ein Haushaltsmesser. Statt des Tuchs kann man auch ein Stück Bettlaken verwenden. Gutes Handwerkszeug ist jedoch unbedingt erforderlich. Wenn man Werkzeug kauft, muß man daher immer auf Qualität und Funktionalität achten.

Zu Anfang sollte man grundlegende Tonarbeiten bevorzugen, um die Materie erst einmal buchstäblich in den Griff zu bekommen: Sie lernen, wie lange Ton formbar bleibt, wann er trocken wird und wann er anfängt zu brechen. Ton will vorsichtig

behandelt und nicht zu lange bearbeitet werden – sonst kann er zerbröckeln.

Der Arbeitstisch sollte stabil sein und eine wasserfeste Oberfläche haben. Ein dickes, glattes Wachstuch schützt recht zuverlässig vor den scharfen Kanten des Brenntons, die Kratzer auf poliertem Holz hinterlassen können. Falls Ihnen das immer noch zu risikoreich erscheint, sollten Sie den Ton auf einem Brett bearbeiten. Legen Sie den Ton auf das Tuch; es verhindert, daß er an der Unterlage festklebt. Wenn Sie eine Arbeit beendet haben, legen Sie das fertige Stück auf ein kleines

Brett, vorzugsweise eines aus Holz. Auch zwischen Tonarbeit und Brett sollte ein Stück Stoff liegen, hauptsächlich, um überschüssiges Wasser aufzunehmen.

Aber als erstes muß man den Ton mit einem Schneidedraht vom Block lösen. Zum Formen, Glätten und Zerteilen benutzt man ein Küchenmesser. Für den nächsten Schritt benötigt man eine Töpferscheibe, mit der man das Stück drehen und von allen Seiten bearbeiten kann. Versierte Heimwerker können eine Töpferscheibe selbst herstellen. Fachgeschäfte bieten Ausführungen aus Stahl, Gußstahl und Aluminium an; diejenigen mit Kugellager laufen am ruhigsten. Die handelsüblichen Scheiben haben einen Durchmesser von etwa 20–30 cm. Man kann auch Scheiben ohne Dreifuß kaufen, die man auf den Tisch stellt. Für den Schul- oder Hausgebrauch reichen sie aus. Sie haben zudem den Vorteil, daß man sie nach Gebrauch im Schrank oder Regal verstauen kann. Scheiben mit Dreifuß sind höhenverstellbar und stehen frei. Auch von der Scheibe lassen sich Tonarbeiten leichter abnehmen, wenn man vor-

OBEN: **So trennt man den Ton fachmännisch mit einem Schneidedraht vom Block ab.**

LINKS: **Sieb und Schüssel, wie man sie zum Sieben von Glasuren benötigt.**

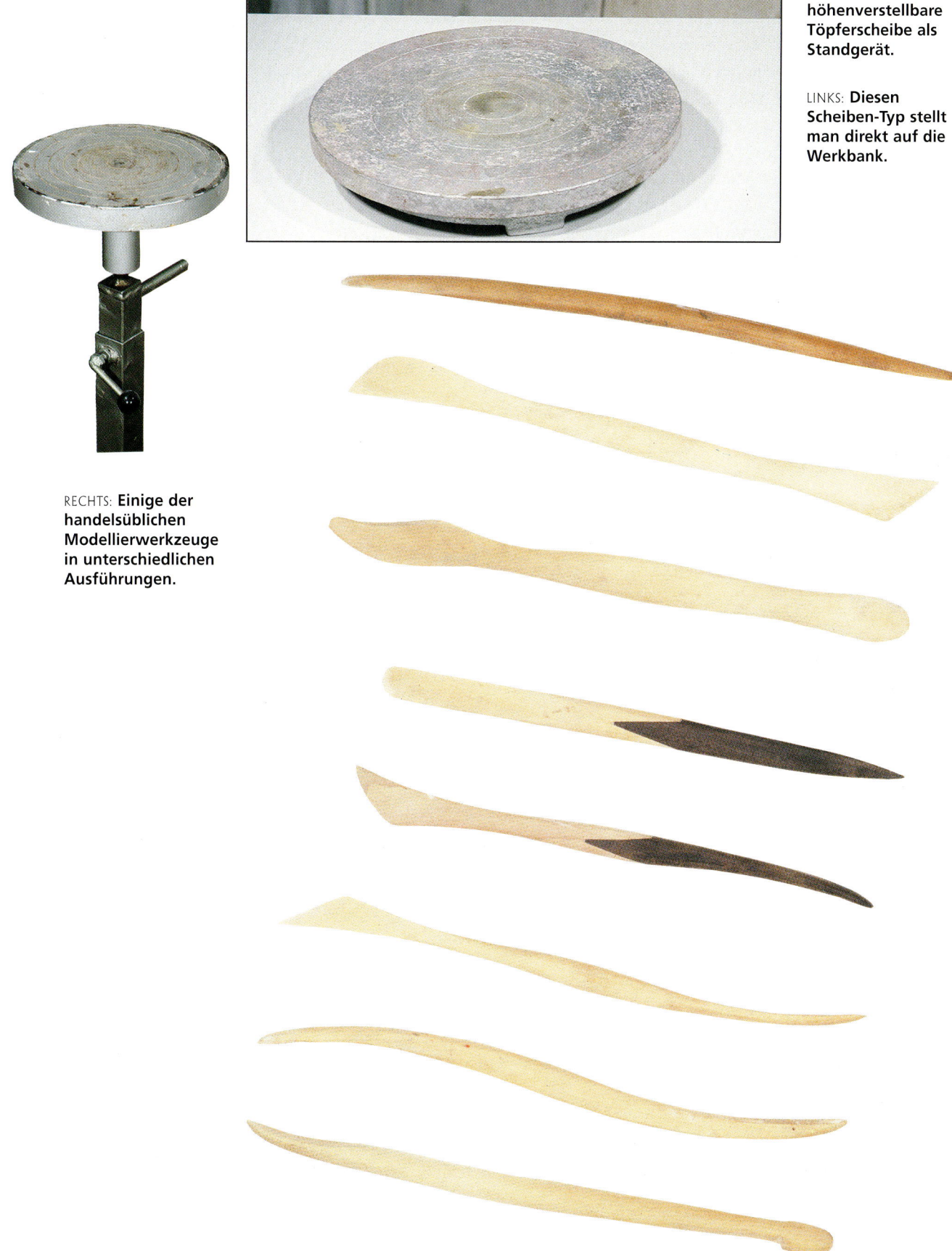

Eine höhenverstellbare Töpferscheibe als Standgerät.

Diesen Scheiben-Typ stellt man direkt auf die Werkbank.

Einige der handelsüblichen Modellierwerkzeuge in unterschiedlichen Ausführungen.

her ein Tuch dazwischenlegt. Um Töpferware zu trocknen, stellt man sie am besten auf Gipsplatten. Gips saugt das überschüssige Wasser auf. Sie brauchen auch entsprechendes Handwerkszeug. Ein Modellierstäbchen hat zwei unterschiedlich geformte Enden. Je nach Bedarf sollte man ein Modell wählen, das sowohl einen langen Löffel als auch Kanten aufweist, denn es ist vielseitig verwendbar – vom Schneiden bis zum Glätten.

Gute Modellierwerkzeuge bestehen meist aus Buchsbaum- oder Ebenholz. Je härter, um so besser. Es gibt zwar auch einfache Plastikwerkzeuge, aber diese werden für den anspruchsvolleren Bedarf schnell unbrauchbar. (In Schulen z.B., wo mit schnellem Verschleiß zu rechnen ist, reichen sie dagegen aus.) Im Handel werden auch verschiedene Töpfermesser angeboten, aber ein breites Palettenmesser

eignet sich immer noch am besten. Ansonsten genügt auch ein Küchenmesser. Die Modellierstäbchen und -schlingen sind dagegen unentbehrlich. (Sie sollten mindestens drei Modellierschlingen und mehrere Stäbchen besitzen.) Soviel benötigen Sie, um Ihre Arbeit zu gestalten, Ton zu entfernen und größere Teile auszuhöhlen. Wo die Modellierhölzer zu grob sind, benutzt man schärferes Metallwerkzeug. Damit können Sie besonders exquisite Details oder auch Ihren Namen und das Herstellungsdatum eingravieren. Alternativen zu derartigem Werkzeug sind Stricknadeln und Zahnstocher. Wer runde Löcher machen möchte, z.B. um die Stükke aufzuhängen oder für ein bestimmtes Muster, sollte sich einen Lochschneider zulegen oder es mit einem Apfelstecher versuchen. Auch Gabeln sind gut, wenn man die Oberfläche aufrauhen, gravieren

UNTEN: **Man braucht zumindest ein Messer – ein Küchenmesser eignet sich recht gut. Ein Tuch und Holzstäbchen zum Modellieren sind ebenfalls wichtig.**

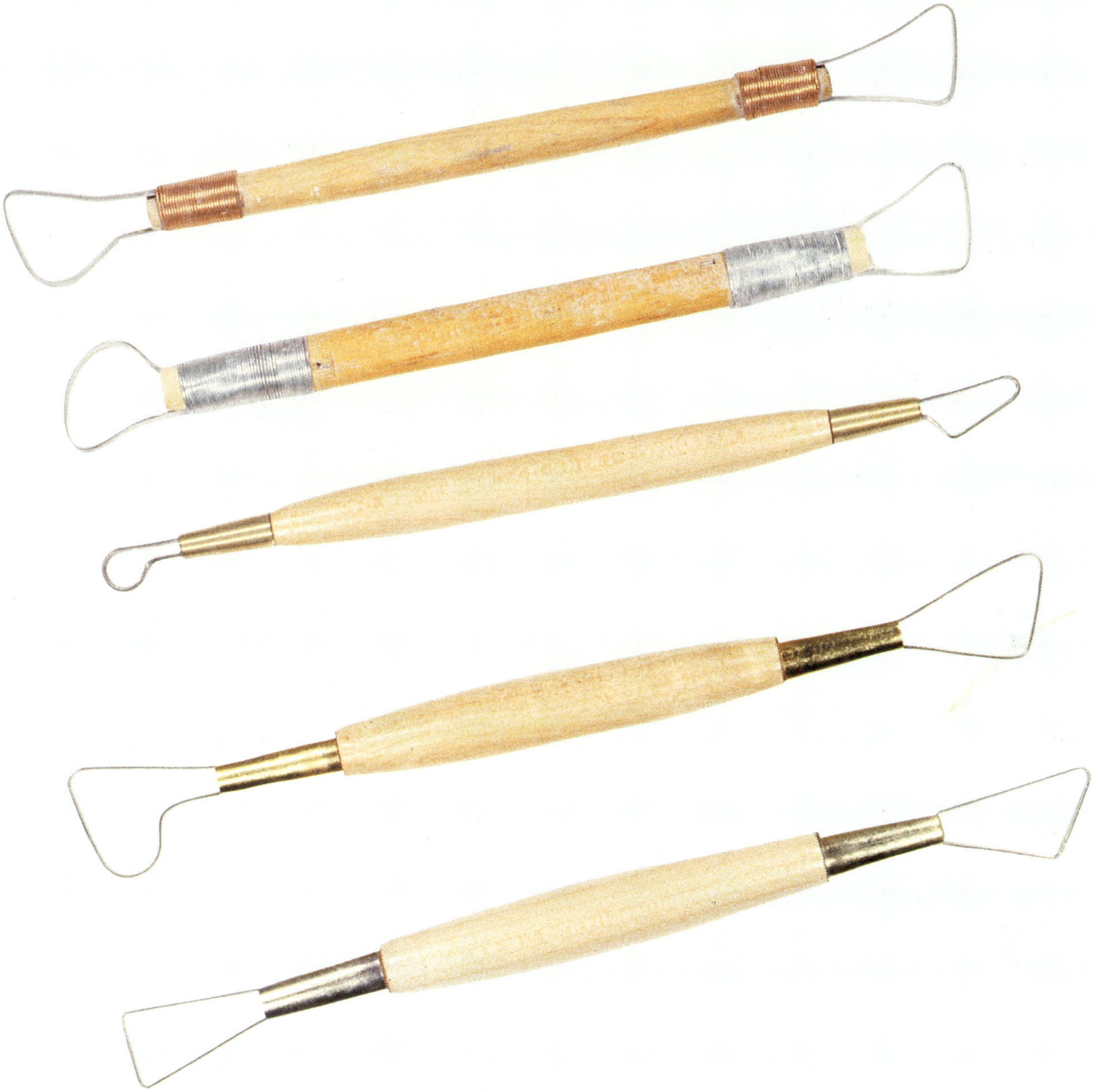

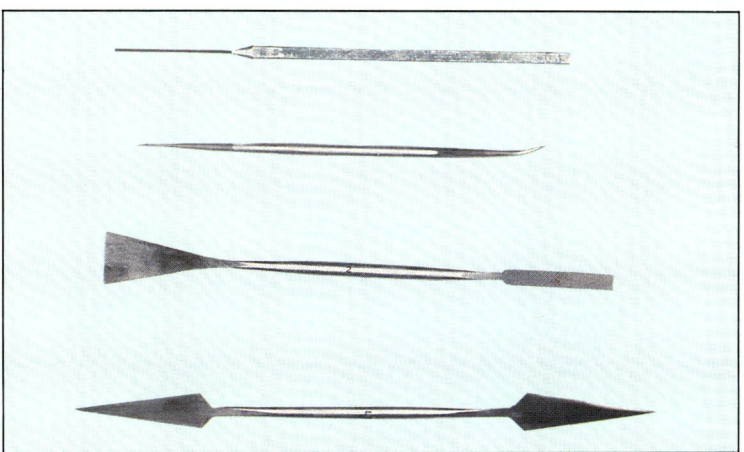

OBEN: **Modellierschlingen unterschiedlicher Größe sind praktisch, wenn man an verschiedenen Tonstücken arbeitet.**

LINKS: **Scharfes Metallwerkzeug, mit dem man Muster oder Schriftzüge eingravieren kann.**

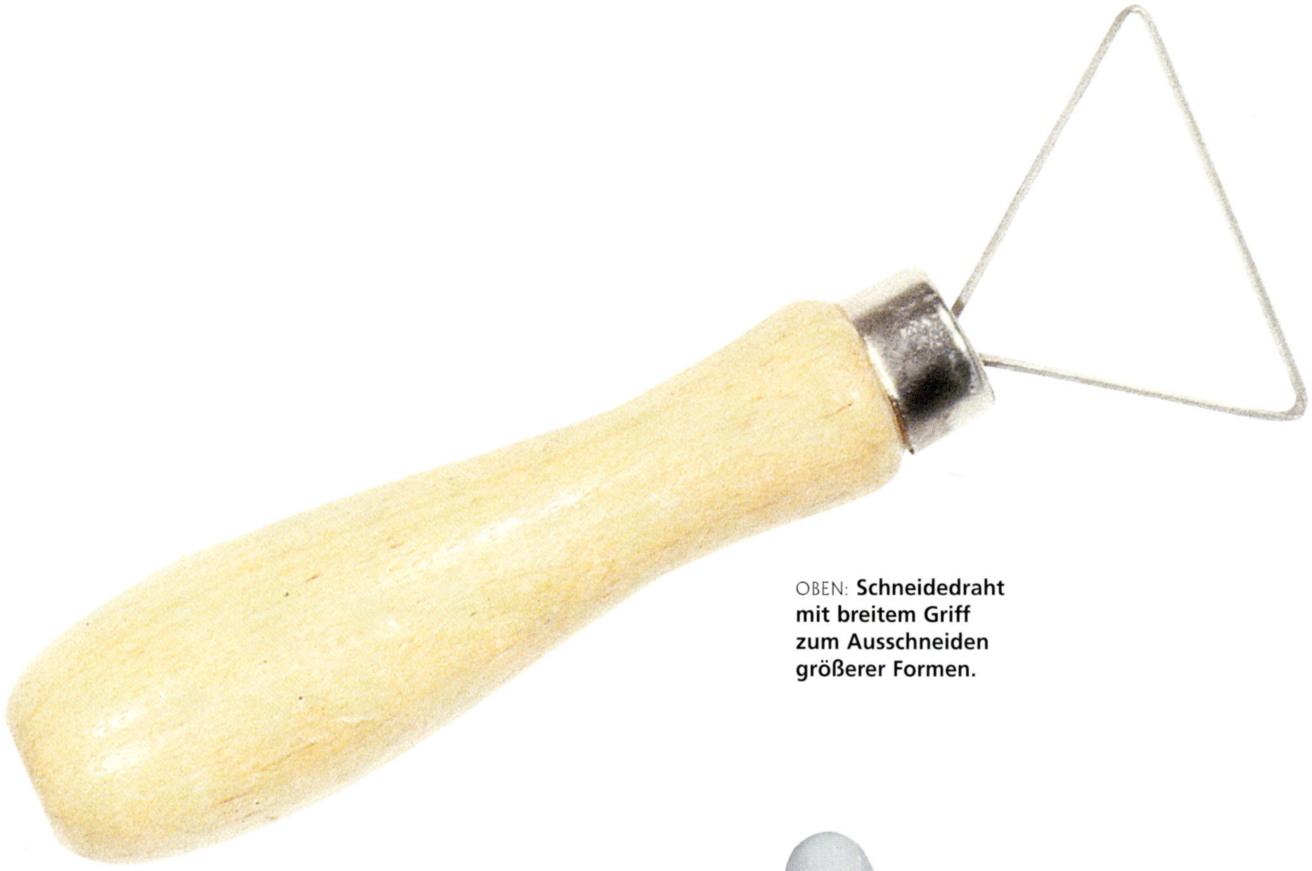

OBEN: **Schneidedraht mit breitem Griff zum Ausschneiden größerer Formen.**

UNTEN: **Mörser und Stößel braucht man, um Glasuren zu zermahlen.**

oder ein Muster einritzen möchte. Zum Glätten und Verstärken nehmen Sie ein Klopfholz, aber vorsichtig!

Für Tonplatten benötigt man einen Tonroller. Es gibt einen Roller mit Kugellager (Nudelholz) oder ein simples Rundholz (Ø ca. 35 mm). Um gleichmäßig dicke Platten zu fertigen, muß man in beide Richtungen arbeiten. Wer „drehen" will, braucht zusätzliche Hilfsmittel wie eine Drehführung und Schwämme. Drehhilfen sehen ähnlich aus wie Modellierstäbchen, auch sie sind meist aus Hartholz. Beim Drehen ist auch ein Eimer Wasser und ein Schwamm nötig, um Wasser aufzusaugen. Naturschwämme eignen sich dazu besser, sie sind weicher und geschmeidiger als künstliche – allerdings auch teurer. Ein Schwamm an einem Stock ist für große Gefäße sehr hilfreich.

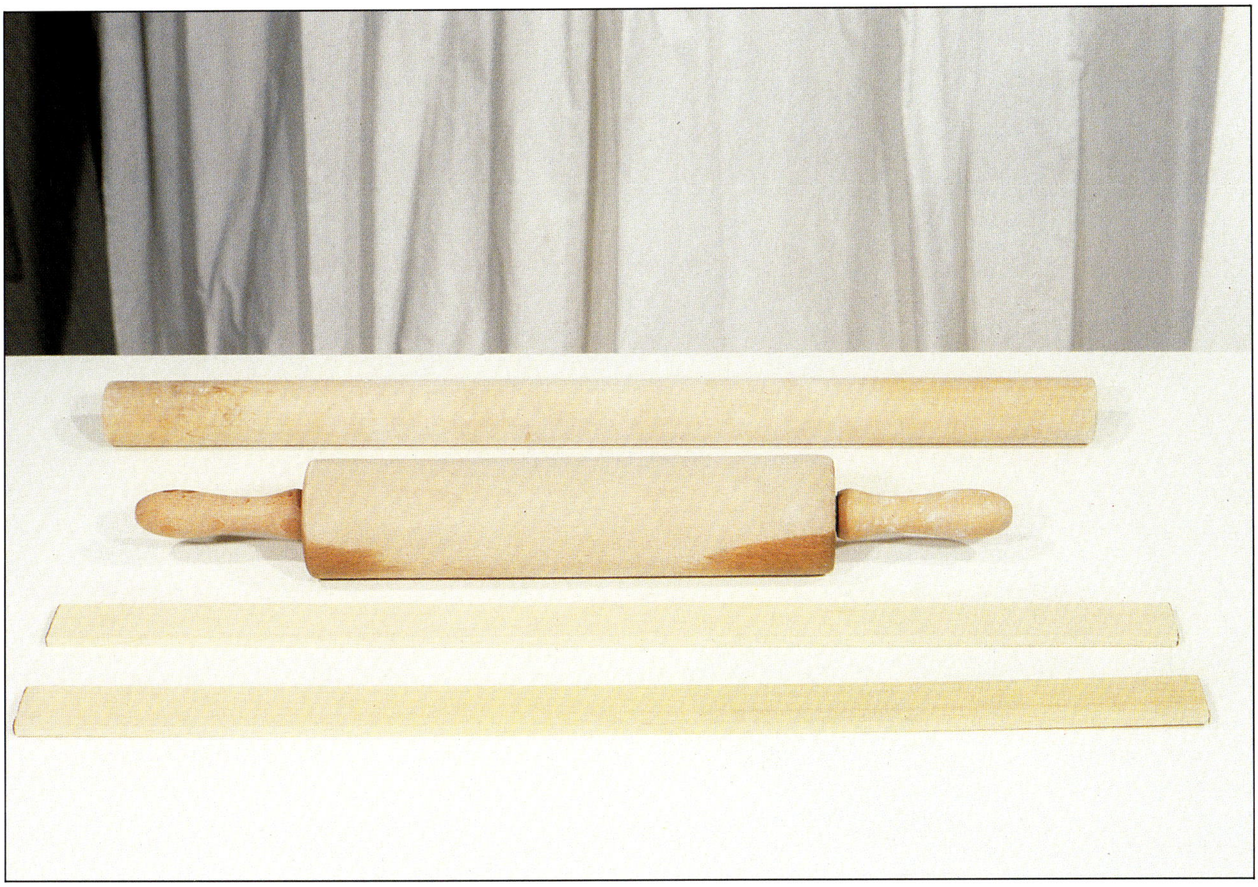

OBEN: **Zwei verschiedene Rollwerkzeuge – man nimmt entweder einen Teigroller oder ein Rundholz.**

Glasurhilfen

Eine gute Glasur macht eine Arbeit ästhetisch ansprechend, eine schlechte kann ein ansonsten professionell gearbeitetes Stück geradezu ruinieren. Auch hier liegt der Schlüssel zum Erfolg in gutem Werkzeug. Für die Glasur sind verschiedene flache Borstenpinsel im Handel, und an ihnen sollte man nicht sparen. Glasurpinsel sind 20–75 mm breit. Für die meisten Glasuren reicht ein 25 mm-Pinsel aus. Leisten Sie sich für jede gewünschte Glasur einen eigenen Pinsel, damit Sie ihn nicht nach jeder Sitzung auswaschen müssen. Zum Dekorieren von Arbeiten mit Ober-, Mittel- und Unterglasur kommen nur feinste Haarpinsel in Frage. Am Anfang reichen einfachere Pinsel, aber um die besten Ergebnisse zu erzielen, braucht man

UNTEN: **Ein Malbällchen für Engoben (Engoben-Hörnchen).**

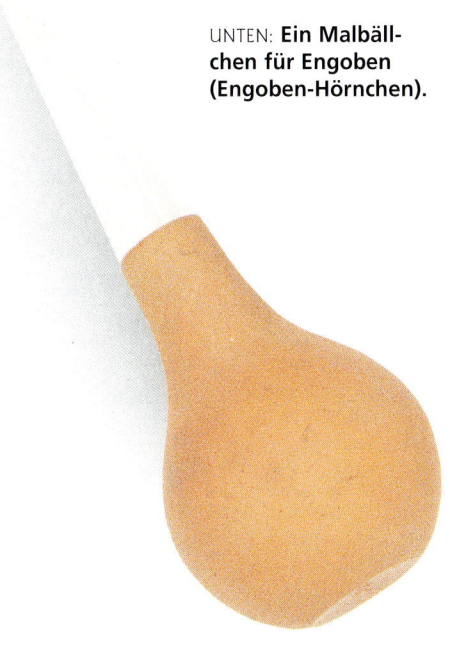

OBEN: **Handwerkszeug: eine Nadel zum Entfernen von Luftkammern; Schaber zur exakten Formgebung; Schneidedraht, um die Stücke von der Scheibe zu lösen, und eine Schüssel mit Schwamm.**

RECHTS: **Staubmasken wie diese sind ein unerläßlicher Schutz gegen Dämpfe.**

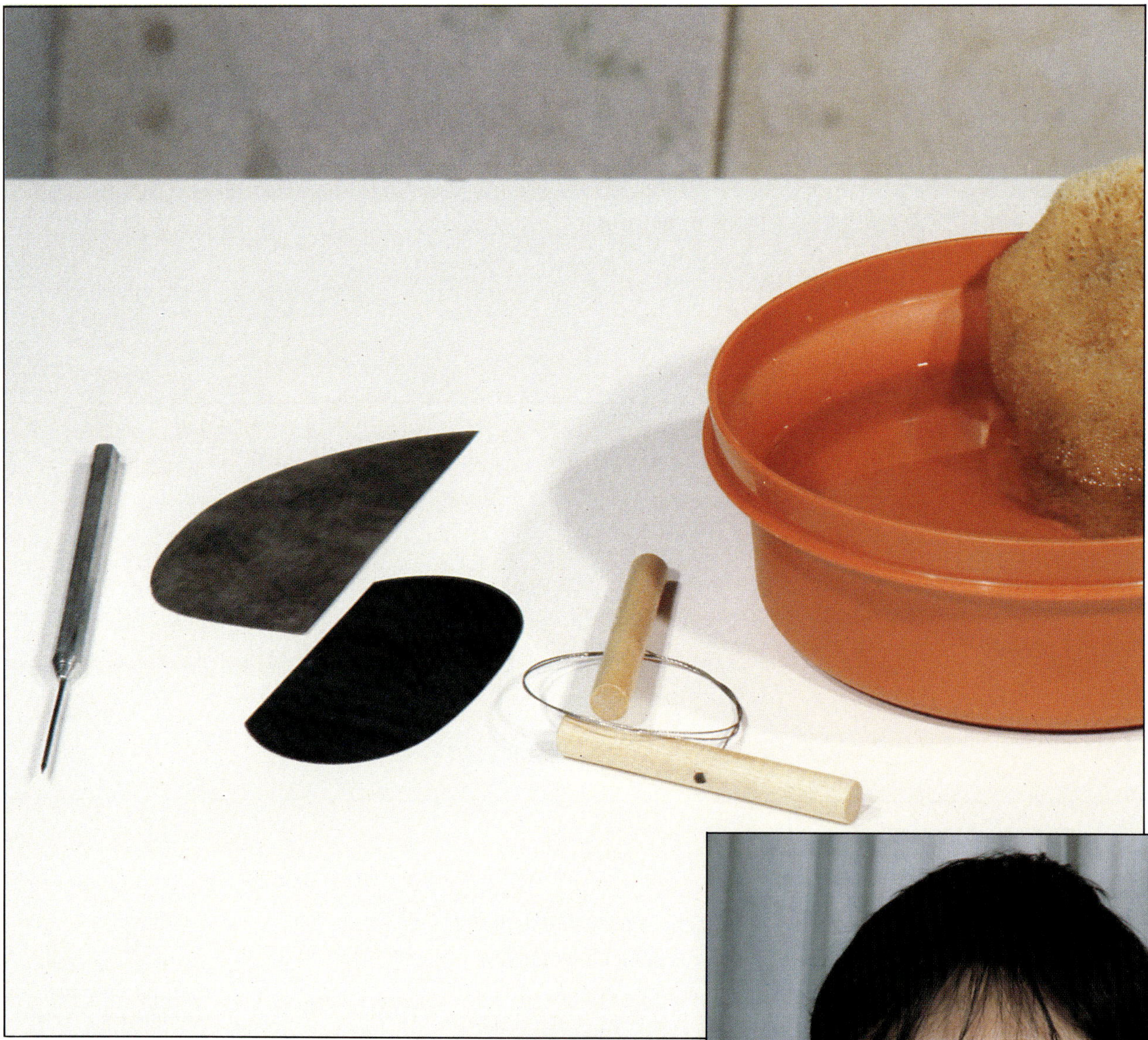

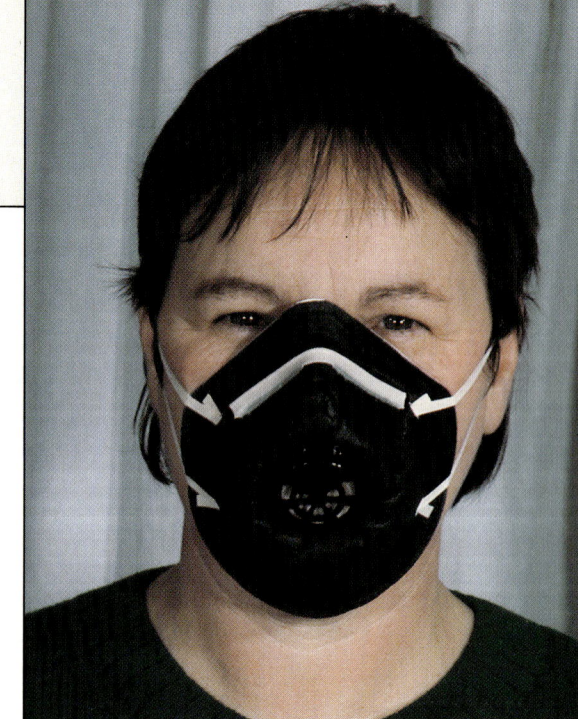

teurere Exemplare. Engoben kann man auch mit einem Malbällchen aufbringen.

Die ersten Glasurversuche können Sie mit einem handelsüblichen Glasurspray machen. Wer jedoch regelmäßig sprühen will, sollte sich eine Spritzpistole mit einer Extraktor-Einheit zulegen. Benutzen Sie ein Glasursieb, um die Glasur aufzutragen. Und schließlich sollte man beim Mischen von Glasuren, Rohmaterialien und Engoben immer eine Staubmaske tragen. Glasuren enthalten leider unangenehme und oftmals auch giftige Dämpfe.

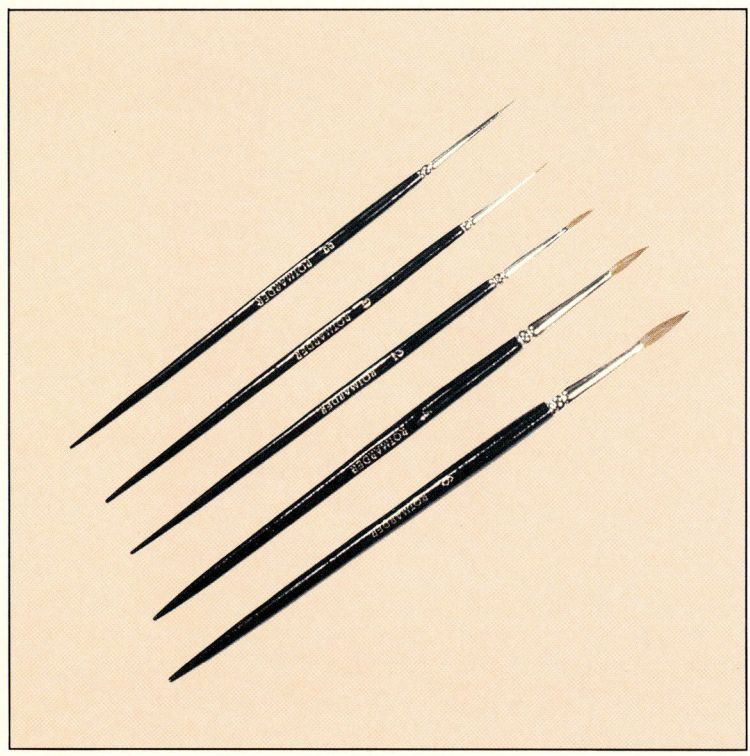

OBEN: **Sparen Sie nicht an guten Pinseln, z. B. diesen Glasurpinseln.**

LINKS: **Man benötigt sehr feine Naturhaarpinsel, um fertig glasierte Stücke zu bemalen.**

RECHTS: **Einige kleinere Werkzeuge, die in keiner Werkstatt fehlen sollten, u. a. Hammer, Bohrer, Kombizangen und Rundfeile.**

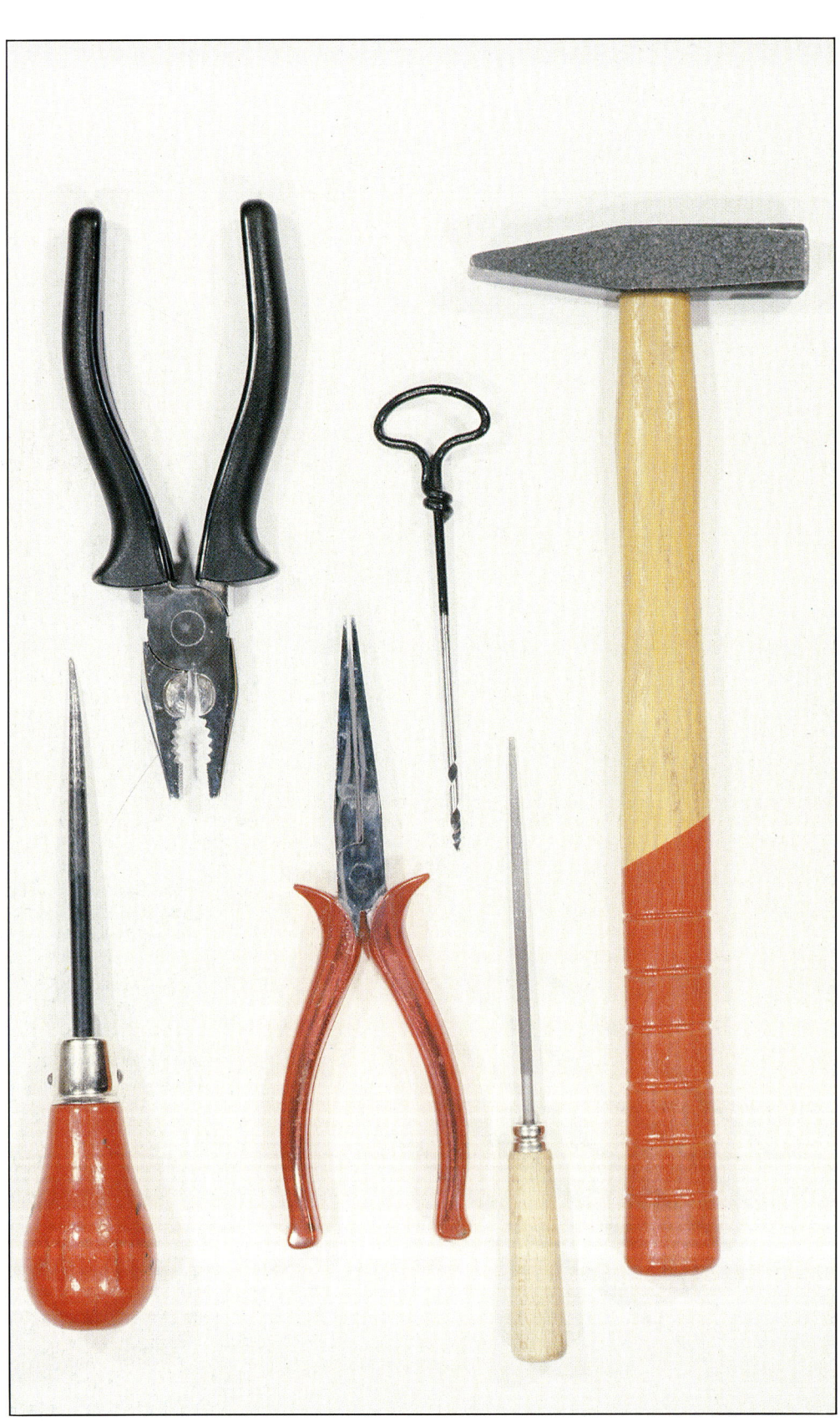

LINKS: **Eine Bohrmaschine mit Schleifscheibe und Sandpapier ist nützlich, um Oberflächen-Effekte zu erzielen.**

Ausrüstung der Werkstatt

Die wichtigsten Bestandteile einer Werkstatt sind Spüle und Wasserhahn; ferner Regale, auf denen die fertigen Stücke trocknen können. Lattenroste eignen sich am besten, weil hier die Luft auch von unten zirkulieren kann. Drittens braucht man einen stabilen Tisch zum Kneten des Tons.

Größere Mengen Ton halten sich in einem luftdicht verschließbaren Container lange Zeit. Für kleinere Mengen reicht die Plastikfolie, die eventuell von einem Einkauf übrig ist. Kleine Mengen Glasur kann man in breitrandigen Gefäßen, größere in Eimern aufbewahren. Auch Glasuren sind meist unbegrenzt haltbar. Engoben und andere Farben geben Sie in kleinere Gefäße. Zu den kleineren Werkzeugen gehören

LINKS: **Mit Zirkel, Zeichendreieck und Schieblehre erzielen Sie ein professionelles Finish.**

OBEN: **Einfaches Werkzeug wie Küchengabel, Löffel oder Spachtel eignet sich gut zum Glätten und Verzieren.**

z. B. ein langes Lineal, Hammer und Meißel, Sandpapier (mit Schleifstein), oder Bohrer, Kombizange und Schraubenzieher. Selbst Stechzirkel sind sehr praktisch.

Töpferscheibe und Brennofen sind größere Anschaffungen und wollen gut überlegt sein. Lassen Sie sich im Geschäft beraten. Es gibt fußbetriebene und elektrische Drehscheiben, außerdem elektrische Tischgeräte für kleinere Stücke.

Zum Thema Öfen: Es sind diverse Elektroöfen im Handel. Gasöfen betreibt man mit Propangas. Man kann sie für viele Zwecke nutzen (Reduzierenden Brand), aber man sollte im Umgang mit ihnen erfahren sein. Sie sollten eine Vorrichtung zum Beseitigen der unverbrannten Gase haben. Für beide Ofenmodelle gibt es Schamotte-Platten, Ofenstützen und kleine Dreifüße oder Haltestreifen, auf denen man die Tonarbeit zum Brennen abstellt. Für die heißen Stücke braucht man außerdem Schutzhandschuhe. Es ist zu empfehlen, die teuren Brennplatten vor dem Glasurbrand mit einer Spezialtinktur zu behandeln, damit die eventuell verlaufende Glasur sie nicht verklebt. Wer keinen Brennofen kaufen will, kann im Normalfall den des örtlichen Töpfer-Vereins (oder den anderer Einrichtungen) mitbenutzen.

KAPITEL drei
· · · · · · · · · · ·

Mit Ton gestalten

LINKS: **Hier wurden
zwei verschieden-
farbige Tonstücke
zusammen verarbei-
tet, um zu zeigen,
wie viele Schichten
man durch Kneten
erzielen kann.**

Die ersten Schritte

Die grundlegenden Techniken zur Tonbearbeitung sind das Kneten und die Verwendung von Schlicker. Den Ton zu kneten ist ebenso wichtig wie die richtige Sorte. Bevor Sie ihn kaufen, hat er Misch- und Preßmaschinen durchlaufen. In den Handel kommt er als dicker, in Plastikfolie verpackter Block, üblicherweise mit einem Gewicht von 10 oder 25 kg.

Obwohl der Ton gut vorbereitet, gereinigt und gemischt wurde, muß er noch durchgeknetet werden. Zweck des Knetens ist es, die Tonmineralien, die wie winzige Plättchen aussehen, in der gesamten Masse zu verteilen und so für eine gleichmäßige innere Konsistenz zu sorgen. Ton läßt sich aber nur dann kneten, wenn man ihn zuvor mit Brennton und Wasser vermischt hat.

Das Kneten ist sehr wichtig. Vor allem weil es den Ton formbarer und geschmeidiger macht, aber auch, weil man so die Luftblasen herausdrückt, die sich sogar in Spezialmischungen bilden können. Beim Brennen können sich diese Luftblasen verheerend auswirken. Sie dehnen sich bei hohen Temperaturen aus und sprengen das Stück mit Leichtigkeit, wenn sie nicht durch die poröse Scherbe entweichen können. Ein anderes Problem kann beim Drehen auf der Scheibe auftreten: Wenn die Zentrifugalkraft die Luft nach außen preßt, ruiniert sie die Form der Töpferarbeit.

Nehmen Sie zum Kneten ein großes Stück Ton von annähernd 10 kg Gewicht. Legen Sie es auf einen stabilen Tisch oder auf eine feste Unterlage. Schieben Sie den Schneidedraht unter den Ton, und ziehen Sie ihn nach oben, so daß Sie zwei gleich große Stücke erhalten. Legen Sie die Stücke übereinander, und beginnen Sie nun mit dem Kneten. Als nächstes drehen Sie

den Ton eine Vierteldrehung nach links und wiederholen den Vorgang. Nehmen Sie den Draht, und schneiden Sie den Ton nochmals von unten in der Mitte durch. Beide Tonklumpen werden wieder übereinandergeknetet, so daß nun ein Stück aus vier Schichten entsteht. Nach dem nächsten Arbeitsschritt sind es acht Schichten, und wenn Sie dies etwa zwanzigmal wiederholt haben, ist der Ton eine gut durchgearbeitete, geschmeidige Masse.

Man kann den Ton auch auf eine andere, nicht ganz so mühsame Art vorbereiten. Diese Technik läßt sich aber nur bei kleineren Mengen anwenden: Schneiden Sie ein handliches Stück von 1–2kg Gewicht

1 Das Halbieren der Tonstücke mit Schneidedraht.

2 Zwei unterschiedlich gefärbte Tonstücke, fertig zum Kneten.

3 **Tonkneten durch Einrollen.**

4 **Nach dem Kneten wird der Ton zu einer glatten Kugel geformt.**

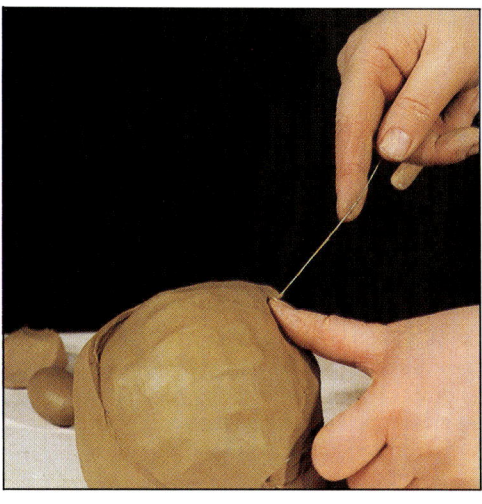

5 **Abtrennen des passenden Tonstücks zur weiteren Verarbeitung.**

6 **Bearbeiten Sie nur soviel Ton, wie Sie für jedes Stück brauchen.**

vom Tonbatzen ab, kneten Sie ihn auf dem Tisch, und rollen Sie ihn zusammen wie ein Schneckenhaus. Es ist wichtig, nur in einer Richtung zu arbeiten, damit man nicht noch Luftblasen in den Ton drückt.

Schlicker

Schlicker ist feiner Ton, der mit viel Wasser gereinigt wurde. Solch ein klebriges Material braucht man, um Tonstreifen zu befestigen, Kacheln herzustellen oder etwa Risse auszubessern.

Wenn Sie mit Ton arbeiten, werden Sie feststellen, daß kleine Tonkrümel übrigbleiben, die sehr schnell trocknen. Sammeln Sie sie in einem fest verschließbaren Gefäß, und bedecken Sie sie mit Wasser. Nach ein paar Stunden wird aus diesen trockenen Überbleibseln eine weiche, klebrige Tonpaste bzw. Schlicker. Damit er fertig verfügbar bleibt, muß das Gefäß immer fest verschlossen sein. Man kann neue Krümel hinzufügen und diese wiederum mit Wasser bedecken. Um die Verdunstung auszugleichen, empfiehlt es sich, hin und wieder Wasser nachzufüllen. Der so geschlämmte Ton sollte immer eine cremige Konsistenz haben, aber nicht flüssig sein.

Schlicker läßt sich problemlos an jedem beliebigen Stück anwenden. Vorgeformte Teile, die man miteinander verbinden will, rauht man mit der Gabel auf, schmiert die Stelle mit Schlicker ein und drückt die Teile vorsichtig zusammen. Größere Stücke schneidet man mit einer rauhen Klinge, trägt dann großzügig Schlicker auf die Schnittkante auf und klebt sie zusammen. Für wirklich festen Halt muß man aber einen schmalen Tonzapfen in die Klebestelle einsetzen. Der Schlicker durchdringt die aufgerauhten und eingeritzten Teile des Stücks und verbindet sich unlösbar mit ihnen. Überschüssigen Schlicker läßt man trocknen und kratzt ihn dann mit einem Schaber oder einem Messer ab. Wenn Sie ihn zu früh entfernen, riskieren Sie, die Arbeit irreparabel zu beschädigen.

Ohne Schlicker kann man zwei Einzelstücke nicht zusammenfügen. Schnellverfahren funktionieren nicht und führen nur zu einem Desaster beim Brennen.

Vom Ton zur Töpferware

Die folgenden 10 Arbeitsschritte sind Standard. Üben Sie sie so lange, bis sie Ihnen in Fleisch und Blut übergegangen sind. Denn bevor Sie die Grundschritte nicht beherrschen, können Sie Ihre Arbeit nicht fortsetzen.

1 Kneten des Tons (Erläuterung siehe Anfang dieses Kapitels).
2 Die benötigte Menge Ton abtrennen und zu einer Kugel formen.
3 Den Ton gestalten.
4 Wenn Sie die Arbeit dekorieren wollen, tun Sie das jetzt. Wenn der Rohling noch weich ist, können Sie ihn gravieren, stempeln, oder mit Stückchen versehen.

OBEN: **Schlicker-Schale mit jungem Hahn von William Newland, Großbritannien. Ein roter Kern wurde mit weißem Schlicker bedeckt und die Zeichnung dann mit einem warmen, dunkleren Ton eingezogen.**

UNTEN: **Eine Porzellanschale mit Gravuren von Ann Clark, Großbritannien. Das Muster wurde in den lederharten Ton-Rohling eingraviert. Nach dem Rohbrand wurde er mit Transparentglasur überzogen und dann mit 1280° C gebrannt.**

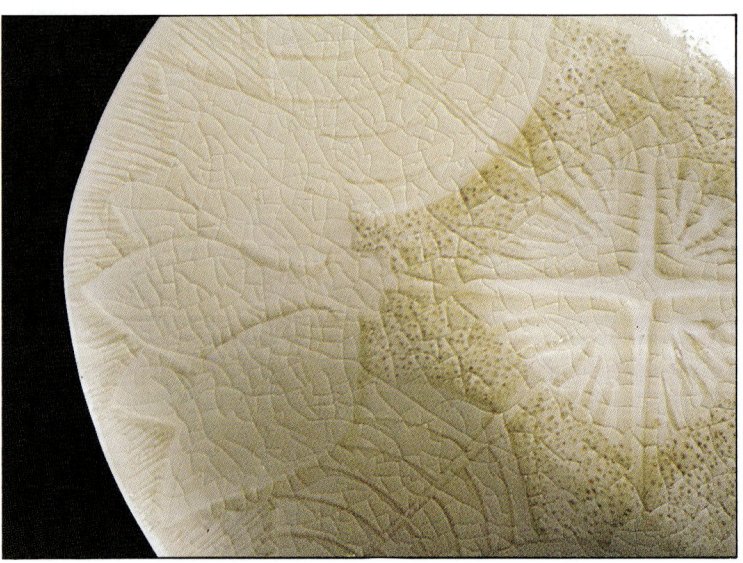

RECHTS: **Reaktionen verschiedener Pigmente mit Glasur. Dazu hat man 6 grundlegende Farboxide mit einer handelsüblichen Transparentglasur auf alkalischer und einer auf Blei-Basis gemischt.**

EISENOXID ERZEUGT EINE ROTBRAUNE REAKTION IN EINER STARKEN BLEIGLASUR.

MANGANOXID REAGIERT LILA MIT EINER ALKALIGLASUR.

KUPFEROXID ERGIBT EIN KRÄFTIGERES GRÜN, WENN MAN ES IN EINER BLEIGLASUR VERWENDET.

KOBALTOXID VERÄNDERT SICH DURCH DEN GLASURTYP KAUM.

5 Aushöhlen. Wenn das Stück dicker als 2 cm ist, muß es ausgehöhlt werden, um Luftblasen zu entfernen. Trennen Sie das Stück dazu mit dem Schneidedraht in zwei Teile. Denken Sie daran, zuvor die Schnittstellen zu markieren, damit Sie die Teile wieder exakt zusammenfügen können.

Man höhlt den Ton mit einem Spachtel vorsichtig von innen aus. Dabei läßt man eine Wand von circa 4–10 mm stehen, je nach Umfang der Arbeit. Dann klebt man die Teile mit Schlicker wieder zusammen und läßt dabei eine kleine Öffnung, damit die Luft entweichen kann.

6 Wenn der Ton lederhart wird, ist es Zeit, das Werk zu bemalen.
Stellen Sie die Arbeit vorsichtig zum
7 Trocknen auf ein Regal. Der Ton wird spröde und brüchig, deshalb muß man ganz besonders aufpassen. Fassen Sie den Gegenstand ab sofort immer mit beiden Händen an. Versuchen Sie nie, ihn am Henkel oder an nachträglich befestigten Teilen zu tragen. Diese Bereiche sind extrem empfindlich und brechen sofort ab. Schäden an bereits trockenen Stücken sind praktisch nicht mehr zu reparieren. (Der Trocknungsprozeß wird auf Seite 20 detailliert beschrieben.)

8 Rohbrand. Wenn die Stücke ganz trocken sind, stellt man sie vorsichtig in den Brennofen und setzt sie der Hitze aus. Erst wenn der Ofen abgekühlt ist, nimmt man die Arbeiten wieder heraus. Obwohl sie dann nicht mehr ganz so zerbrechlich sind wie vor dem Brand, sollte man sie nie an Teilen hochheben, die abbrechen könnten. Brennmethoden und Bestückung des Ofens sind in Kapitel 9 beschrieben.

9 Das Werk wird glasiert und bemalt. Mehr über diese Techniken lesen Sie bitte in Kapitel 8.

10 Der Glasurbrand. Nach diesem Schritt kann man die fertigen Stücke aus dem Ofen nehmen. Glasurtropfen am Boden lassen sich mit einem Schleifgerät oder mit Sandpapier abschleifen. Dabei muß man vorsichtig vorgehen, denn die Glasursplitter sind recht scharf.

KAPITEL vier

· · · · · · · · · · · ·

Töpfern
ohne Scheibe

LINKS: **Die Herstellung**
dieser Püppchen ist
nicht so schwierig, wie
es scheint – eine
genaue Beschreibung
dazu finden Sie auf
Seite 52.

Handmodellieren und Pinchpot-Methode

Nun ist es Zeit, sich mit den grundlegenden kreativen Techniken zu befassen. Kleine Schälchen kann man gut als Pinchpot („Kneiftopf") herstellen. Hierzu muß man die Tonkugel einfach mit den Händen verformen. Außerdem braucht man einen Schneidedraht, um den Ton abzutrennen, und einen Pinsel für die Bemalung. „Semiplastischer" (mittelfester) Standard-Ton eignet sich am besten. Da man bei dieser Technik nur die Hände benutzt, sollte man schnell sein. Denn sobald die Hände warm werden, trocknet der Ton und wird brüchig. Sie sollten deshalb einen nassen Schwamm für die Hände haben.

1 Schneiden Sie ein faustgroßes Stück vom durchgekneteten Ton ab, und formen Sie es zu einer Kugel.

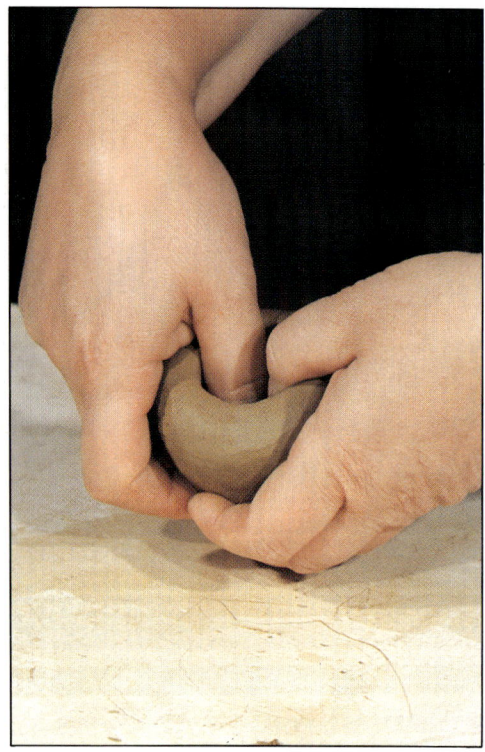

2 Drücken Sie mit dem Daumen eine Vertiefung in den Ton und verbreitern Sie sie, indem Sie mit der anderen Hand leicht gegen die Innenseite drücken; dabei ständig drehen.

3 So werden die Wände hochgedrückt und dabei dünner. Achten Sie darauf, daß Sie immer vom Boden zum Rand hin arbeiten; wenn Sie den Rand zuerst bearbeiten, wird er schlapp und bricht.

4 Um den Rand zu formen, fahren Sie leicht mit der Fingerspitze darüber. Halten Sie den Rand mit einer Hand in Form, und glätten Sie ihn vorsichtig mit der anderen.

5 Die Außenseite streicht man mit einem Modellierstäbchen glatt.

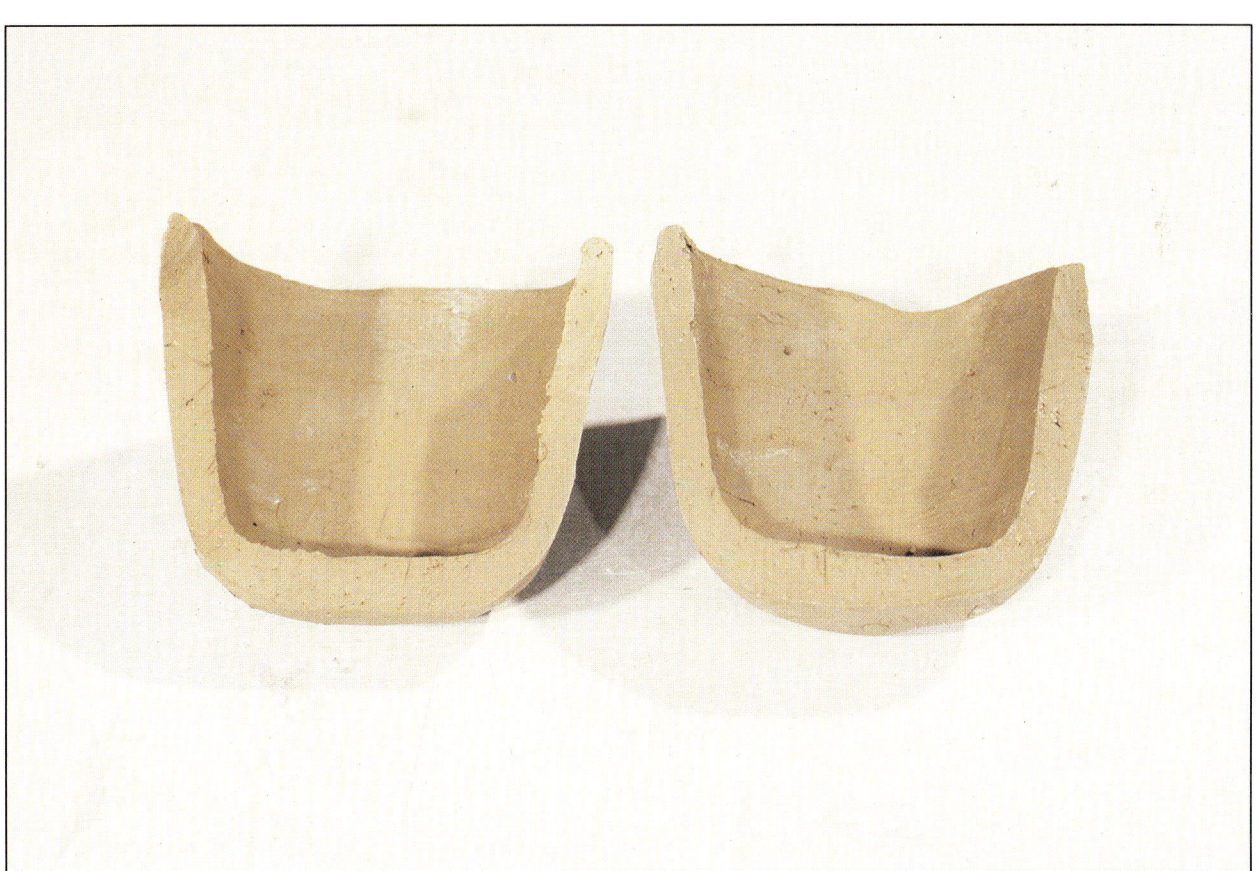

6 Die fertige Daumentechnik-Arbeit im Querschnitt.

Handschmeichler

Auch beim zweiten Stück, einem Handschmeichler, arbeitet man nur mit den Händen. Diesmal sollte man jedoch Ton verwenden, der etwas Schamotte enthält. Nehmen Sie ein Stück, das in Ihre Hand paßt. Drücken Sie den Ton in Form, indem Sie ihn in der Innenhand hin und her rollen. Lassen Sie es dann trocknen, polieren Sie es mit Handfläche und Fingerspitzen, und stellen Sie es ins Regal zu den Schälchen. Während Schälchen recht nützlich sind, kann man das von Handschmeichlern nicht behaupten. Sie haben eher ästhetischen als praktischen Wert.

Kleine Tierfiguren

Als drittes können Sie sich eine kleine Tierfigur vornehmen. Dafür benötigen Sie mittelfesten Ton sowie Auskratz- und Modellierwerkzeug. Diese kleinen Figuren machen viel Spaß und sind bei Kindern sehr beliebt. Für den kleinen Vogel braucht man etwas mehr Zeit. Den Kopf formt man aus einem zweiten, etwas kleineren Ton-Oval

OBEN: **Um einen Käfer herzustellen, schneidet man den ovalen Tonklumpen in der Mitte durch. Man ritzt Kopf, Augen und Flügel ein und tupft danach Schlicker in einer Farbe auf, die sich deutlich vom Untergrund abhebt. Danach stellt man es auf ein Regal zum Trocknen.**

LINKS: **Aus oval geformten Tonstücken entstehen kleine Tiere.**

OBEN: **Für den kleinen Igel wird eine Nase aus dem Ton gedrückt. Die Stacheln formt man mit einer Schere, die man in den Ton sticht. Man kann sie aber auch einzeln formen und mit Schlicker ankleben. Augen und Schnauze werden eingestochen.**

und klebt ihn mit Schlicker am Körper fest. Nun drückt man aus dem Kopfteil einen Schnabel (ein einzelner Schnabel bricht zu leicht ab) und aus dem Hinterteil einen Schwanz. Federn und Flügel entstehen aus kleinen Tonröllchen. Man kann die Körperteile (Kopf, Augen, Schnabel und Federn) aber auch einfach nur aufkratzen.

Einen großen Vogel mit gespreizten Federn muß man mehrfach von unten ein-

stechen. Das ist wichtig, damit eventuell eingeschlossene Luftblasen das Stück beim Brennen nicht zerstören. Mit der hier dargestellten Technik kann man eine Vielzahl an Tier- und Phantasiegestalten herstellen.

Keramikdöschen

Die vierte Tonarbeit ist eine kleine Dose mit Deckel für Münzen, Schmuck oder andere kleine Gegenstände. Wieder verwendet man gut durchgekneteten semiplastischen Ton. Sie brauchen Schneidedraht, eine Kürette und einige Modellierstäbchen.

1 **Schneiden Sie mit dem Schneidedraht soviel Ton ab, daß Sie daraus eine Kugel von etwa 7–10 cm Durchmesser formen können. Bearbeiten Sie sie, bis sie schön rund ist, und glätten Sie sie dann mit einem Teelöffel.**

2 **Nun legen Sie den Schneidedraht an der oberen Hälfte an, halten ihn an einem Ende fest und ziehen ihn so weit durch, bis die beiden Teile nur noch an einer kleinen Stelle verbunden sind. Drücken Sie den Draht etwas nach unten, so daß beim Teilen eine kleine Nase entsteht.**

3 Die Kugel besteht nun aus zwei Teilen, die perfekt aufeinanderpassen.

4 Mit der Modellierschlinge wird die Kugel jetzt mit kreisförmigen Bewegungen ausgehöhlt.

5 Höhlen Sie die Halbkugel aus, bis auf einen gleichmäßig dicken Rand, nicht stärker als Ihr kleiner Finger.

6 Wiederholen Sie den Vorgang mit der anderen Halbkugel.

7 Glätten Sie die Innenwand mit der Fingerspitze.

8 Bei sorgfältiger Arbeit passen die beiden Hälften genau aufeinander. Jetzt ebnen Sie die Standfläche.

9 Um einen Deckelknauf herzustellen, nehmen Sie eine Gabel und rauhen die Stelle auf, wo der Knauf sitzen soll. Ebenso verfahren Sie mit der Unterseite des Knaufs.

10 Beide Stellen mit Schlicker bestreichen und den Knauf auf den Deckel setzen. Stellen Sie das Döschen in ein Regal zum Trocknen, und legen Sie ein Stückchen Küchenkrepp zwischen die Teile, damit sie nicht aneinanderkleben.

Püppchen

Um solch ein kleines Püppchen anzufertigen, braucht man Modellierstäbchen und -schlingen, Gravur- und
Stricknadeln. Als erstes formt man aus
einem Tonklumpen Kopf und Körper.

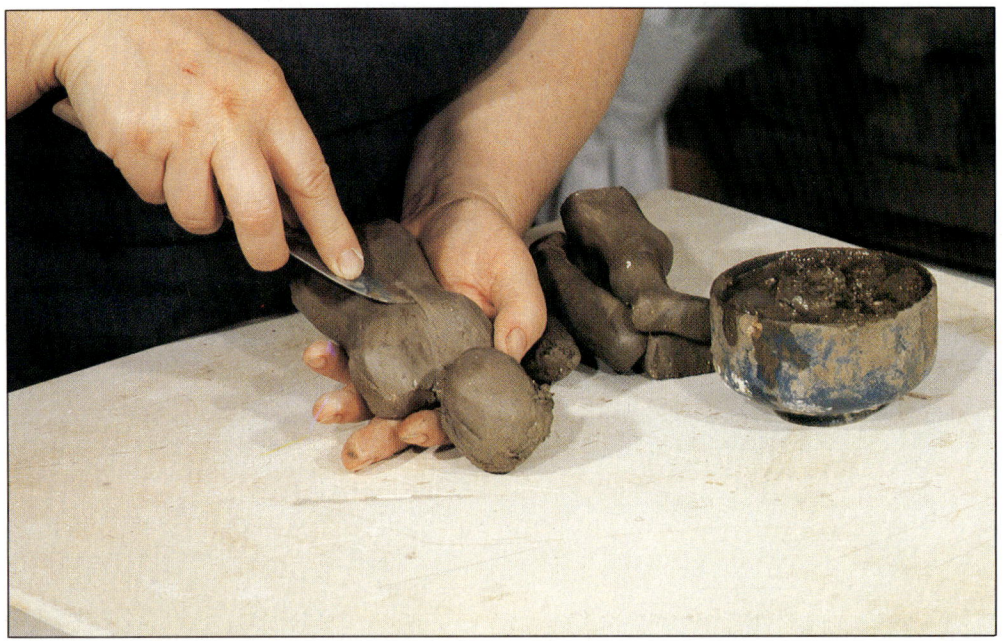

[1] Rollen Sie den
Ton in eine zylindri-
sche Fom. Die Länge
des Zylinders be-
stimmt die Größe
des Püppchens.
Flachen Sie den
Zylinder etwas ab,
und markieren Sie
den Kopf. Die Beine
beanspruchen unge-
fähr die halbe
Körperlänge.

[2] Als nächstes wird
der Hals herausgearbei-
tet, aber nicht zu dünn.
Danach modelliert man
Rücken, Schultern und
Brust. Außerdem sollte
die Figur eine Taille
erhalten. Kinn und
Augenhöhlen nicht ver-
gessen! Verwenden Sie
ein Modellierstäbchen,
um den Haaransatz
darzustellen. Wenn der
Kopf abfällt, kann man
ihn mit Schlicker wie-
der ankleben. Die
Bruchstelle aber erst
dann säubern, wenn
Sie mit allen Arbeiten
fertig sind.

3 Das Püppchen mit Schneidedraht längs in zwei
Hälften teilen.

4 Höhlen Sie den Körper bis auf einen Rand von etwa
4 mm mit einer Modellierschlinge aus. Mit etwas Übung
können Sie den Kopf ebenfalls aushöhlen.

5 Die beiden Teile werden mit Schlicker verbunden und
zum Trocknen ins Regal gestellt.

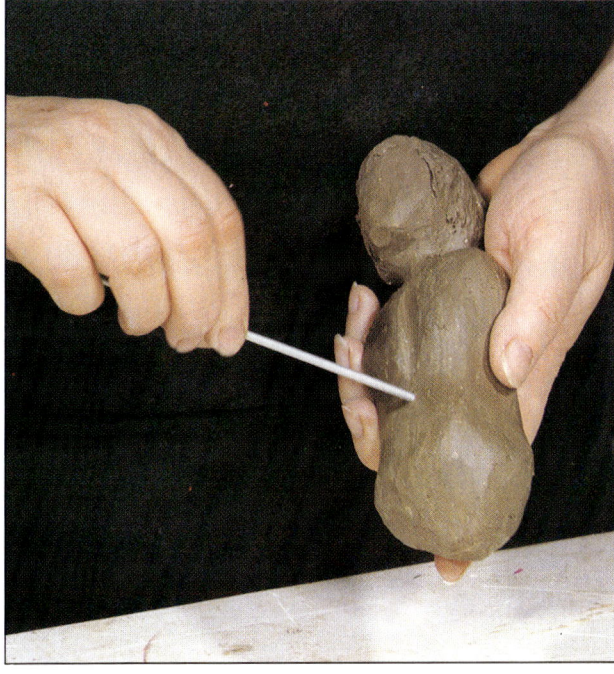

6 Wenn der Schlicker trocken ist, die Verbindungsstellen
säubern. Damit die Luft im Inneren beim Brennen entweichen kann, sticht man ein kleines Abzugsloch ein, z. B. als
Nabel. Nach dem Brennen kann die Puppe bemalt werden.

7 Für Arme und Beine benötigt man vier Tonröhrchen. Ein Daumen im richtigen Verhältnis zum Körper sieht besser aus als fünf Finger, die in alle Richtungen abstehen.

8 Wenn Sie ein bewegliches Püppchen haben wollen, stechen Sie Löcher in die Arm- und Beinansätze und in die Knie- und Ellbogengelenke.

9 Nach dem Brennen ziehen Sie dann ein Stück dünnen Draht oder Gummiband durch die Löcher.

1 Einen zweiten Püppchentyp stellt man aus zwei gleich langen Tonwülsten her. Man legt sie nebeneinander und formt daraus Arme, Beine und Körper.

2 Kopf und Hals legt man über den Körper und verbindet die Teile dann mit Schlicker.

3 Formen und biegen Sie den Körper mit Modellierwerkzeugen in eine sitzende Position.

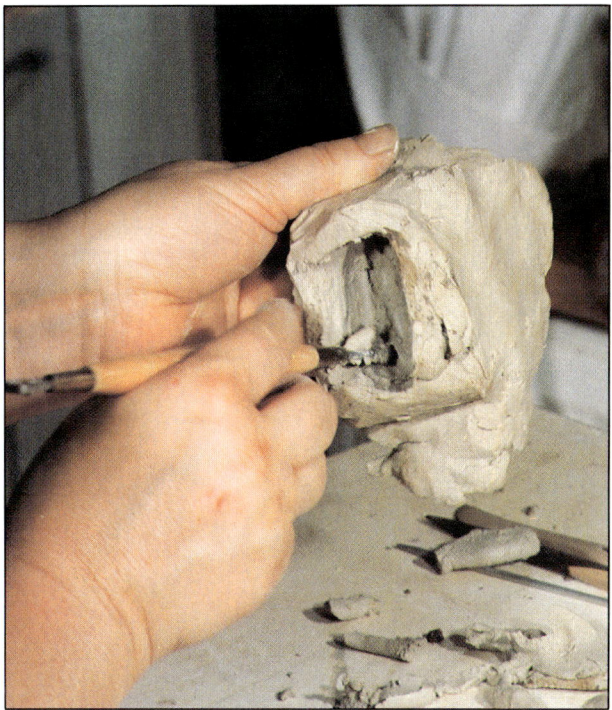

4 Wenn Sie wollen, können Sie auch einen Sitz für die Figuren herstellen. Achten Sie aber darauf, diejenigen Teile auszuhöhlen, die dicker als 2 cm sind.

5 Setzen Sie die Figuren zusammen. Mit einem Modellierwerkzeug erzeugen Sie eine natürliche Haltung.

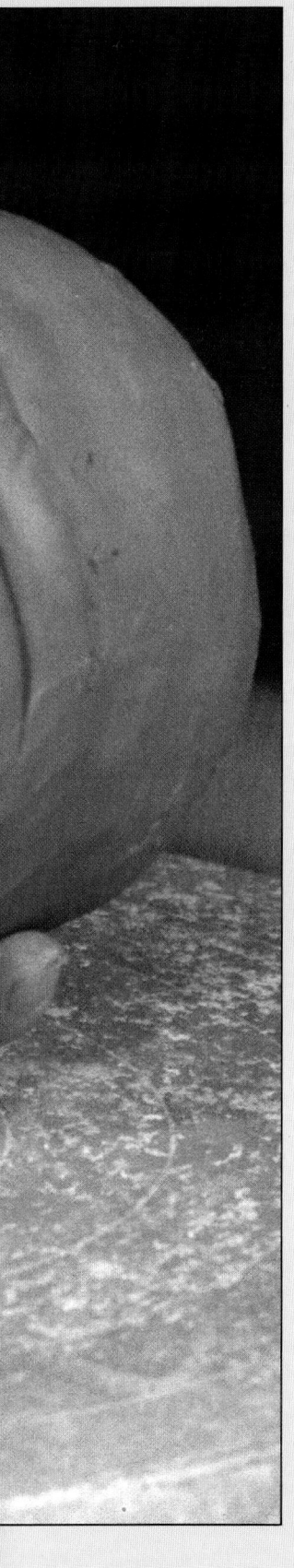

KAPITEL fünf
•••••••••••

Die Wulsttechnik

LINKS: **So stellt man Vasen und Becher in Wulsttechnik her.**

Diese Technik ist vermutlich die am häufigsten angewandte Methode, Tongefäße ohne Töpferscheibe herzustellen. Dazu schichtet man einzelne Tonrollen übereinander. Aus Tonkugeln lassen sich nur Dinge bis zu einer bestimmten Größe ausformen, z. B. Schälchen. Außerdem sind Formen, die sich oben verengen oder verschlossene Gefäße mit dieser Methode nicht machbar. Die Wulstmethode erlaubt dagegen komplexe Strukturen ohne Einschränkungen in der Größe.

Vase oder Becher?

Das erste Stück in dieser neuen Technik ist ein Gefäß (als Vase zu benutzen, etwas kleiner auch als Becher). Man benötigt dazu folgendes Werkzeug: ein kleines Brett oder eine Ränderscheibe mit einem Tuch darauf als Unterlage; Modellierstäbchen; ein kleines Messer zum Glätten; Schneidedraht. Schlicker verwendet man in der Wulsttechnik normalerweise nicht, denn er macht den Ton zu feucht und glit-

1 Trennen Sie ein Stück Ton mit dem Schneidedraht ab, und rollen Sie daraus mit den Handflächen eine etwa daumendicke Wulst. Diese wird spiralförmig eingerollt und bildet den Boden für das Gefäß.

2 Machen Sie den Durchmesser nicht zu breit, sonst wird das Gefäß viel zu groß. Am besten nehmen Sie sich ein gleich großes Gefäß als Muster.

3 Mit dem Messer glättet man den Boden von innen nach außen und schneidet ihn falls nötig ab, damit er rund wird. Ein Zirkel hilft dabei, die Form zu halten. Nun rollt man weitere Tonwülste, insgesamt vier oder fünf, legt die erste auf den Rand des Bodens und befestigt sie dort.

4 Die ersten Wülste müssen einzeln geschlickert werden, um eine gleichmäßige Form zu erreichen. (Den Rand des Bodens vorher einritzen!) Wenn man einen einzigen langen Kringel nach oben zöge, würde die Arbeit aus der Form geraten.

5 Denken Sie daran, die Wülste von innen und außen mit dem Boden zu verbinden. Streichen Sie die Innenwände mit einem Modellierwerkzeug oder mit dem Daumen sorgfältig von oben nach unten glatt. Wenn die Wulst fest sitzt, verstreicht man die äußere „Naht" in seitlicher Richtung. Legen Sie die nächste Wulst so auf, daß die Enden an einer anderen Stelle liegen als bei der vorangegangenen.

6 & 7 Verstreichen Sie die Verbindungsstellen sorgfältig, erst innen (senkrecht), dann außen (waagerecht).

8 Mit zunehmender Zahl an Wülsten kann man das Gefäß hochnehmen ohne Gefahr zu laufen, die Form zu ruinieren. Von jetzt an kann man schneller arbeiten.

9 Drei Wülste sind jetzt an Ort und Stelle. Alle drei werden nun erneut von innen und außen glattgestrichen. Nun kann man sie vom überschüssigen Schlicker säubern und weitere Wülste bis zur gewünschten Höhe aufbauen.

10 & 11 **Drücken**
Sie den oberen Rand
zwischen Daumen
und Zeigefinger
schmaler, während
Sie ihn gleichzeitig
mit den Fingerspit-
zen der anderen
Hand vorsichtig
glätten.

12 & 13 Bei einer bauchigen Vase geht man folgendermaßen vor: In der Höhe, wo der Bauch beginnen soll, setzt man die Wülste nicht direkt übereinander, sondern versetzt sie etwas nach außen. (Aber Vorsicht: Durch den Druck beim Glätten der Außenseite bricht der Ton leicht weg! Halten Sie ihn mit der anderen Hand in Form.) Wenn sich das Gefäß verjüngen soll, baut man die Wülste einzeln und mehr zur Innenseite auf.
So können Sie mit etwas Übung eine sphärische Vase mit einer schmalen Öffnung fabrizieren.

schig. Wenn der Ton in den oberen Lagen zu schwer wird und abzubrechen droht, stopfen Sie das Gefäß mit Zeitungspapier aus. Legen Sie außerdem gelegentlich eine Pause ein, damit der Ton trocknen und aushärten kann. Aus Gefäßen mit einer großen Öffnung läßt sich die Zeitung nach dem Trocknen leicht wieder herausnehmen. Gefäße mit einer kleinen Öffnung brennen Sie einfach mitsamt dem Papier – es verbrennt rückstandslos.

Die Unterseite von engen Öffnungen ist nur schwer zu glätten, man macht das am besten mit den Händen. Auf diese Weise kann man Unebenheiten und Schwachstellen am besten erfühlen. Ganz gleich, ob Sie an einer Vase oder einem Becher arbeiten: Verwenden Sie viel Sorgfalt auf einen gut gelungenen Rand. Die oberste Rolle sollte daher ganz besonders dekorativ geformt sein.

Wenn die Arbeit nicht direkt fertig wird, packen Sie sie in eine Plastiktüte. Je luftdichter die Verpackung, desto länger kann man sie darin aufheben, bis zu drei oder vier Wochen. Will man das Stück noch länger lagern, öffnet man die Verpackung und befeuchtet es mit einem Sprüher.

Schüsseln und Schälchen

Für die nächste Arbeit brauchen Sie eine Ränderscheibe, Bretter, Modellierstäbchen und ein Messer. Semiplastischer, rotbrennender Ton eignet sich hier besonders gut. Stellen Sie außerdem eine Küchenschale oder eine Schüssel bereit, die an den Seiten glatt ist und sich oben nicht verengt. Sie bildet die Form für die neue Schale; ihre Innenseite formt dabei die Außenwand des neuen Stücks.

Um die Schale als Form zu benutzen, muß man sie zuvor mit Zeitungspapier auslegen. Nehmen Sie dazu aber keine ganzen Zeitungsseiten, denn diese knittern und hinterlassen Spuren auf der Arbeit. Statt dessen reißen Sie die Zeitung in Streifen und legen die Schale damit aus. Das Auslegen bewirkt, daß der Ton nicht an der Schale festklebt und sich gut herausnehmen läßt. Nun fertigen Sie vorab das Dekor: Dreiecke, Rechtecke, Flachbälle, Quadrate, kleine, längliche Stücke oder Spiralen – was immer Sie wünschen. Jetzt wird der Boden eingerollt, wie bei der Vase. Dazu messen Sie den Durchmesser der Musterschale und legen den

LINKS: **Die Schönheit eines schlichten, ursprünglichen Designs läßt sich durch eindrucksvolle Farbgebung oft noch steigern.**

Boden hinein. Rollen Sie die erste Wulst, und verankern Sie sie fest am Boden. Formen Sie die Wülste sorgfältig, da Sie die Außenwand nicht bearbeiten können. Setzen Sie nun die Schmuckelemente ein, und glätten Sie die Innenfläche mit einem Modellierstäbchen. Wenn Sie glauben, daß das Stück irgendwo zu dünn ist, kleben Sie dort ein abgeflachtes Wulststück mit Schlicker fest und arbeiten es gut in die Wand ein. Für einen schönen Abschluß verwendet man eine Tonwulst, ein Zickzackmuster oder ein hübsches Ornament.

Lassen Sie die Arbeit über Nacht in der Schale stehen. Bis zum Morgen ist der Ton geschwunden und fester geworden. Wer die Schale für schwerere Dinge, z. B. Früchte, verwenden will, muß den Boden verstärken. Dazu stellt man die Schale auf einen Ring, der zudem den Vorteil hat, daß das Stück zusätzlich höher wird. Wer möchte, kann auch zwei Ringe übereinanderbauen; so wird die Arbeit richtig stabil.

Der Boden wird wie folgt befestigt: Nehmen Sie zuerst die Schale aus der Form. Sobald sie trocken ist, stecken Sie vorsichtig ein kleines weiches Kissen oder einige weiche Tücher hinein und vergewissern sich, daß dieser Schutz höher steht als der Rand. Halten Sie mit einer Hand das Kissen fest, mit der anderen die Form, und drehen Sie die Schale. Stellen Sie sie mit der Öffnung nach unten auf das Holzbrett oder die Ränderscheibe. Die Ränder der Schale sollten die Unterlage dabei nicht berühren. Jetzt läßt sich die Form einfach nach oben abnehmen. Der Ton ist jetzt noch feucht genug, um kleinere Korrekturen vornehmen zu können. Papier, das eventuell an der Oberfläche festklebt, verbrennt beim Brennen.

Als nächsten Schritt formt man eine Wulst kugelrund, vorzugsweise um eine Büchse oder ähnliches herum. Diese Wulst legt man lose von unten auf den Schalenboden und zeichnet darauf den inneren und den äußeren Rand nach. Dann nimmt man sie wieder ab, kerbt den Boden zwischen den Linien ein, trägt Schlicker auf und klebt die beiden Teile sorgfältig zusammen. Wenn die Wulst abgetrocknet ist und die Schale sich nicht mehr so leicht verformt, dreht man das ganze Stück herum und stellt es auf einen glatten Untergrund, möglichst eine Gipsplatte. Durch sanftes Hin- und Herdrehen wird die Rolle flach, und die Schale steht fest, ohne zu wackeln. Stellen Sie sie zum Trocknen auf den Kopf. Nach etwa zwei Tagen können Sie sie umdrehen und das Kissen bzw. Füllmaterial entfernen. Nach weiteren zwei bis drei Tagen des Trocknens kann die Schale in den Brennofen.

Mit derselben Methode kann man auch glatte Schüsseln oder Schalen herstellen, aber statt der Schmuckelemente verarbeitet man dann nur Wülste. Nehmen Sie die Form wie beschrieben von der Schale ab, und streichen Sie auch die Außenseite glatt. Schlicker sollten Sie nur verwenden, wenn es nötig ist, und wenn er nicht zu feucht ist, sonst treten schnell Risse auf. Abgesehen davon, stellt man die glatten Schalen wie oben beschrieben fertig.

Teekanne mit Deckel und Teeschalen

Dazu benötigen Sie folgendes Arbeitsmaterial: eine Ränderscheibe oder ein kleines Brett mit einem Tuch darüber; Modellierstäbchen; ein Messer; Stricknadeln oder Zahnstocher. Nehmen Sie mittelfesten roten Brennton oder schwarzen Ton. Besorgen Sie sich außerdem einen Rohr- oder Bambushenkel aus einem Fachgeschäft für Kunstgewerbe.

Die Teeschalen werden wie die Kanne in Wulsttechnik gefertigt, der einzige Unterschied besteht darin, daß diese Wülste besonders dünn sein sollten; nicht dicker als Ihr kleiner Finger. Die Technik ist bereits auf den Seiten 58–65 beschrieben. Achten Sie darauf, daß der Rand – wie bei allen Trinkgefäßen – schmal ausfällt.

Bevor Sie mit der Arbeit anfangen, legen Sie die Form der Teekanne fest – bauchig, gerade oder auch konisch. Am besten ist es, eine einfache Zeichnung und ein Querschnittsdiagramm anzufertigen. Das ist einfacher, als Sie vielleicht denken.

Bauen Sie die Kanne in bewährter Weise auf: erst den Boden herstellen, darauf die ersten drei Wülste einzeln festschlikkern und glätten, dann mehrere Wülste auf einmal verarbeiten. Wenn das Gefäß sehr groß werden soll, dürfen die Wülste recht dick sein, sonst müssen sie feiner gehalten werden. Außerdem machen zu dicke Wände die Kanne unnötig schwer.

Wünschen Sie einen kleinen Bodenabsatz, sollten Sie ihn ganz zum Schluß ansetzen, damit er gut trocknen kann. Eine Teekanne muß an der Öffnung eine Deckelhalterung haben. Wenn sie innerhalb der Öffnung liegen soll, befestigt man dort eine dünne Wulst als Ablage. Wenn der Deckel über die Öffnung ragt, setzt man einen schmalen Steg um den Rand des Lochs in den Deckel. Drehen Sie nun die Kanne auf den Kopf, und befestigen Sie den Boden wie bei der oben gezeigten Schale. Stellen Sie die Kanne, mit der Öffnung nach unten, zum Trocknen zur Seite.

Als nächstes rollt man feine Wülste für den Ausgießer bzw. die Tülle. Diese schichtet man so übereinander, daß sie nach oben hin enger werden. In der Zwischenzeit ist die Kanne so weit ausgehärtet, daß sie richtig herum stehen kann: mit der Öffnung nach oben. Man hält die Tülle gegen die Kanne und entscheidet jetzt, wo sie am besten paßt. Dazu schneidet man sie am unteren Ende vorsichtig schräg ab;

aber nicht zuviel! Wichtig ist, daß der Ausgießer nicht zu tief ansetzt und sein oberer Rand mindestens auf gleicher Höhe endet wie die Öffnung der Kanne; liegt er tiefer, läuft die Kanne beim Befüllen aus. Wenn Sie die richtige Ansatzstelle gefunden haben, wird sie markiert und ausgehöhlt. Kerben Sie dazu die markierte Linie ein, und tragen Sie den Schlikker auf. Passen Sie die Tülle mit sanftem Druck ein. Um sicherzugehen, verstreicht man über der Verbindung eine dünne Wulst – und damit auch die kleineren Fehler vom Schneiden. Die Tülle wird nun abgeschnitten (hoch genug!) und von Hand geformt. Vorsicht: Sie bricht leicht!

Der Deckel muß passen; messen Sie den Durchmesser der Kannenöffnung. Ist die Öffnung nicht rund, legen Sie Pauspapier darauf und schneiden sich eine Schablone. Den Deckel arbeitet man aus dünnen Rollen und wölbt ihn leicht nach oben aus. Dann formt man einen Deckelknauf. Wenn der Deckel auf oder außerhalb der Öffnung sitzen soll, muß man einen Steg in den Deckel einsetzen. Diesen Steg arbeitet man wie den Kannenboden und bringt ihn flach an. Man zeichnet den Verlauf des Steges auf der Deckelunterseite nach, nimmt den Steg heraus und kerbt die Linie ein. Dann trägt man Schlicker auf, setzt den Steg mit leichtem Druck wieder ein und wischt den herausquellenden Schlicker ab. Dann wird der Deckel vorsichtig auf die Kanne gesetzt. Falls er noch nicht paßt, ist der Ton jetzt noch weich genug zum Ausbessern.

Zum Trocknen und für den Rohbrand bleibt der Deckel auf der Kanne. Falls der Ton noch so feucht ist, daß sie zusammenkleben könnten, legt man ein Stück Küchenkrepp zwischen Kanne und Deckel. Man muß beide Teile zusammen markieren, falls die Öffnung gebogen, aber nicht rund genug zum Drehen des Deckels ist.

KAPITEL sechs

Tonplatten formen

LINKS: **Der Gebrauch von Schablonen, um damit dekorative Formen auszuschneiden.**

Tontafeln kann man auf zweierlei Weise herstellen: Entweder rollt man sie mit einem Tonroller aus, oder man löst sie mit Schneidedraht von einem großen Tonblock herunter. Letzteres eignet sich am besten, wenn man mehrere Tafeln in derselben Größe braucht. Dann sollte der Ton einen Block bilden, dessen Seitenabmessungen denen der fertigen Platten entsprechen. Mit einem Scheibenschneider erzielt man gleichmäßig dicke Platten.

Wenn die Platten unterschiedlich groß sein sollen, walzen Sie den Ton mit dem Roller auf einem Tuch aus. Wenn Sie den Ton zwischen zwei Holzleisten rollen, erhalten Sie eine gleichmäßig dicke Platte, aus der man jede beliebige Form herausschneiden kann. Diese Methode ist weniger anstrengend als die vorige, hat aber auch ihre Nachteile. Es ist nicht nur schwie-

riger, mehrere Platten derselben Größe auf diese Weise herzustellen – der Ton verformt sich beim Schneiden und Abnehmen leicht –, ausgerollte Platten wellen sich auch schneller als geschnittene.

Namensschilder

In dieser Technik kann man auch sehr gut Namensschilder fertigen, entweder für sich oder als Geschenk für Freunde und Bekannte. Design und Verteilung von Schmuck- und Bildelementen sollten gut durchdacht sein, bevor man mit der Arbeit beginnt. Für das dargestellte Muster haben wir den Namen WILDE verwendet.

Sie benötigen dazu folgendes Werkzeug: ein Nudelholz, zwei gleiche Holzleisten in der gewünschten Plattenstärke, ein neues Stück Stoff, Modellierstäbchen

1 Schneiden Sie ein Stück vorgekneteten Ton ab, und formen Sie daraus eine Kugel. Rollen Sie den Ton zwischen den Holzleisten aus, die als Stütze dienen, und drehen Sie sie dabei hin und wieder um. Der Ton läßt sich nun zunehmend leichter verarbeiten. Das Tuch nimmt jedes Zuviel an Feuchtigkeit auf. Später kann es gewaschen und wiederverwendet werden. Zum Trocknen stellen Sie den Ton auf Gipskarton oder auf eine feste, mit Zeitungspapier umwickelte Unterlage. Da Gips wie Papier Wasser aufsaugt, wird die Tonplatte so fester und formbeständiger.

2 Als nächstes schneidet man sich eine Papierschablone zurecht. Falls das fertige Schild bestimmte Maße haben soll, muß man den Schwund durch Trocknen und Brennen zugeben. Nun schneidet man den Umriß des Schildes nach Schablone aus und legt es auf das Tuch. Den restlichen Ton klappt man zusammen, knetet ihn kurz durch und verstaut ihn in einer Plastiktüte. So kann man ihn weiterverwenden. Besonders schöne Motive kann man mit Schlicker aufkleben, aber es ist leichter, das Dekor einzuschneiden.

3 Die Buchstaben formt man mit Tonrollen. Man zeichnet ihre Form auf der Platte nach, entfernt sie und kerbt die Markierung aus. Danach aber nicht allzuviel Schlicker auftragen.

[4] Die Buchstaben werden mit leichtem Druck eingesetzt, der überschüssige Schlicker sorgfältig abgewischt und geglättet. Um das Türschild fachmännisch zu bemalen, lesen Sie Kapitel 8 „Gestaltung der Oberfläche". Erdfarben muß man sofort auftragen, solange der Ton noch feucht ist.

[5] Nicht die Löcher für die Schrauben vergessen! Schneiden Sie ganz durch die Platte, und säubern Sie dann die Ränder. Stecken Sie zum Test eine Schraube hindurch. (Bedenken Sie, daß das Material schrumpft.) Wenn Sie zwei Löcher planen, richten Sie sie sorgfältig auf gleiche Höhe aus. Zum Schluß wird die Arbeit auf einer Gipsplatte oder auf einem mit Zeitungen ausgelegten Regal getrocknet. Um zu verhindern, daß sich die Platte beim Trocknen verzieht, hüllen Sie sie in ein Tuch ein.

und einen Lochstecher; außerdem mittelfesten, gut vorgekneteten Ton. Da mit weißer Farbe gearbeitet wird, sollten Ton und
Schlicker ebenfalls weiß sein.

Wandschmuck

Unser Beispiel ist ein frei hängendes
Stück oder großes Motiv. Zur Herstellung
benötigen Sie folgende Ausrüstung: Pa-
pierschablonen für die Motive; ein Nudelholz; zwei schmale Leisten; ein Tuch;
Modellierstäbchen; Schlicker. Nehmen
Sie feinen Ton (hell brennender Ton läßt
sich leichter bemalen).

Rollen Sie die Tonkugel – wie immer
auf einem Tuch – zu einer dünnen Scheibe aus. Den Ton kurz antrocknen lassen.
Dann die Formen ausschneiden und sorgfältig mit einem Messer abheben. Danach
die Ränder mit den Fingerspitzen oder mit
dem Modellierholz glätten.

Legen Sie zwei identische Formen auf
den Arbeitstisch. Da diese kleinen Stücke
frei aufgehängt werden, sind beide Teile
vorn und müssen deshalb gleichermaßen
verziert werden. Das rechte Stück wird auf
seiner besseren Seite dekoriert, das linke
spiegelbildlich. Nach dem Brennen klebt
man die beiden Teile mit dem Aufhänge-
band in der Mitte zusammen.

Man schmückt beide Teile mit Gravuren, Prägungen oder Tonstückchen.

Schmuck

Der Reiz von Schmuck steht und fällt mit
der Glasur und der Bemalung. So kann
man mit einfachen Formen große Effekte
erzielen. Je erfindungsreicher Sie sind, um
so besser. Bei der Herstellung von Ton-
perlen ist darauf zu achten, daß das Loch
für den Faden groß genug ist. Die Löcher
sollten an den Rändern sorgfältig ausge-

1 Es genügt wenig Handwerkszeug, um kleine Schmuckstücke herzustellen: ein, zwei Modellierwerkzeuge und eine Nadel für Gravuren und
zum Lochen von Perlen. Nehmen Sie Ton, der feinen Brennton enthält.

2 Zur Herstellung von Perlen benötigen Sie feuerfeste Schnur.
Perlen werden rundum glasiert und können deshalb zum Brennen
nicht in den Ofen gelegt werden. Sie werden statt dessen auf Schnur
gezogen. Für Broschen benötigt man Befestigungsnadeln und den
passenden Kleber aus einem Geschäft für Kunsthandwerkerbedarf.

höhlt und gereinigt werden. Vorsicht bei Broschen: Sie sollten nicht zu dünn sein, sonst brechen sie zu schnell! Und machen Sie Ohrringe nicht zu schwer, damit sie noch angenehm zu tragen sind.

Relief-Arbeiten

Der Kontrast zwischen Licht und Schatten, Farbe und Schwarzweiß sowie zwischen glänzenden und matten Oberflächen ist überaus wichtig. Er schafft eine Spannung zum Betrachter, die Thema eines bestimmten Objektes werden kann.

Wenn Sie ein großes Wandrelief herstellen wollen, ist es ratsam, kleine Einzelplatten zu arbeiten und nach dem Brennen auf einem Brett zusammenzufügen. Übergroße Platten bauen oft eine innere Spannung auf und brechen beim Brennen. Für dieses Beispiel gehen wir von einem gleichseitigen Sechseck als Grundform aus. Das hat den Vorteil, daß man die Einzelelemente wie eine Bienenwabe nach Wunsch kombinieren kann. Das „Projekt Bienenwabe" eignet sich gut zur Gruppenarbeit. Sie brauchen: ein Nudelholz; zwei etwa 75 mm starke Holzleisten; ein Messer; Schlicker; Modellierstäbchen; eine Gabel; einige Stempel-Werkzeuge, wie etwa Schraubenzieher, Schneckenhäuser, Knöpfe, Blätter, Ringe.

Bis zu einem Durchmesser von 15 cm nehmen Sie semiplastischen Ton. Planen Sie größere Platten, muß der Schamotte-Anteil höher sein. Fachgeschäfte führen dazu „Platten-Ton". Das Sechseck ist nicht zwingend, auch ein Quadrat ist denkbar.

1 **Schneiden Sie sich eine Schablone von der Grundfläche. Ein Sechseck konstruiert man wie folgt: Mit einem Zirkel einen Kreis aufs Papier ziehen. Dann mit demselben Radius an der Grundlinie einstechen, diese an sechs Punkten markieren und die Punkte verbinden.**

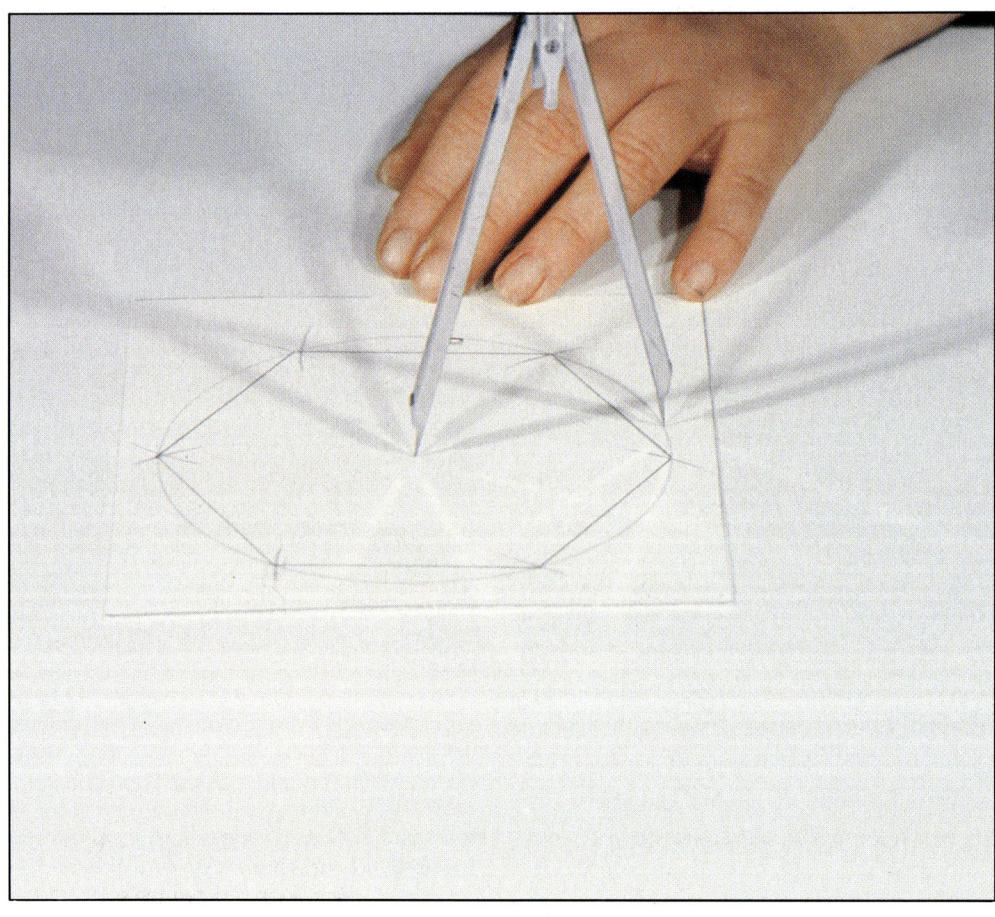

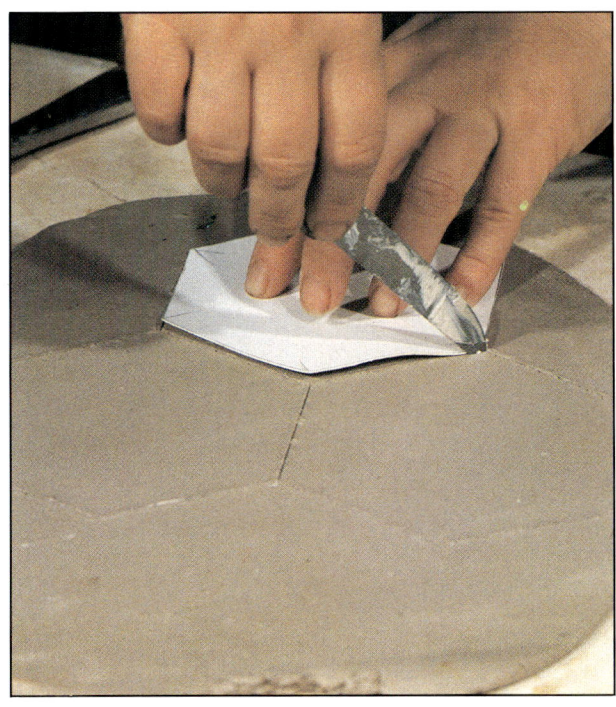

2 Drei bis vier Sechsecke aus der etwa 7–8 mm dick ausgerollten Tonplatte schneiden.

3 Man verarbeitet nicht alle Platten gleichzeitig, sondern hebt sie luftdicht verpackt für später auf.

4 Alle Kanten sorgfältig beschneiden und glattstreichen.

5 Drücken Sie ein Muster in die Platte, die Sie gerade bearbeiten; z. B. mit Schraubenziehern, Knöpfen, Modellierwerkzeugen oder anderen Gegenständen.

6 Auf die nächste Platte werden plastische Motive aufgebracht, z. B. Streifen, Kugeln oder Spiralen.

7 Zeichnen Sie das Muster auf der Platte vor. Dann
kerben Sie es ein, tragen Schlicker auf und setzen die
Stücke mit leichtem Druck auf.

8 Wenn die Platten nebeneinander hängen sollen,
sollten die Muster zusammen passen.

⑨ Befestigen Sie einen Baum auf der dritten Platte.

⑩ Formen Sie aus einer kleinen Wulst den Stamm, und drücken Sie ihn mit einem Modellierwerkzeug auf beiden Seiten in die Platte. (Einkerben und Schlickern!)

⑪ Formen Sie die Baumkrone aus Einzelblättern – arbeiten Sie von außen nach innen. Die Krone in einem Stück aufsetzen, dann einzelne Äste mit Blättern hinzufügen.

⑫ Ein Apfelbaum macht sich sehr gut, besonders mit plastischen Äpfeln zwischen den Zweigen und Blättern.

13 Die klassische Art, ein Relief herzustellen, ist, die Platte um das Motiv herum abzutragen. Dazu muß die Platte etwa 5–8 mm dick sein.

14 Das Motiv aufzeichnen und den umliegenden Ton mit einer Modellierschlinge abräumen. Anschließend den Ton mit Modellierwerkzeug glattstreichen.

15 Auf der Basis eines Sechsecks kann man viele Arbeiten erstellen. Zum Aufhängen muß man Löcher einstechen.

RECHTS: **Wenn Sie die Platten auf einem Brett zusammenstellen wollen, müssen hinten Befestigungslöcher angebracht sein. Bohren Sie Löcher in ein Holzbrett, damit die Dübel von beiden Seiten Halt haben.**

Stövchen

Fertigen Sie zuerst eine Skizze an, wie zuvor bei der Teekanne. Das Stövchen besteht aus einem Boden, durchbrochenen Seitenwänden für die Sauerstoffzufuhr und aus einem Deckel, auf dem die Kanne steht.

An Werkzeug benötigen Sie diesmal ein Nudelholz, zwei Leisten, ein Messer, Formschneider, Modellierstäbchen und Schlicker. Verwenden Sie den gleichen Ton wie für die Teekanne.

[1] Hierzu braucht man einen Roller, zwei Holzleisten, Formschneider, Modellierwerkzeuge und Schlicker. Man nimmt denselben Ton wie für die Teekanne. Aus der ausgerollten Tonplatte zwei gleich große runde Scheiben für Boden und Deckel ausschneiden und auf Gipsplatte oder Zeitungspapier zum Trocknen legen. Wenn der Boden fest genug ist, setzt man einen Ring für das Teelicht auf.

2 Jetzt einen
Streifen für die
Stövchenwand aus-
schneiden. Er muß
so breit sein, wie das
Stövchen hoch wer-
den soll (etwa 5 cm),
und so lang wie der
Bodenumfang.

3 Jetzt das
Gehäuse mit dekora-
tiven Mustern durch-
brechen und trock-
nen lassen. In der
Zwischenzeit ein
Loch in den Deckel
schneiden, das weit
genug ist, um die
Kerze bequem aus-
zutauschen, und eng
genug, um auch
kleineren Teekannen
Halt zu geben.

4 Als nächstes verbindet man das Gehäuse mit dem Boden. Dazu die Kanten von Boden und Gehäuse aufrauhen (den oberen und unteren Gehäuserand sowie die senkrechte Verbindungsnaht).

5 Den Boden mit Schlicker einstreichen und das Gehäuse andrücken. Zum Stabilisieren in die Verbindungskante ein dünnes Tonwülstchen einsetzen und mit einem Modellierwerkzeug erst zum Boden, dann nach oben hin ausstreichen.

6 Die waagerechte
Verbindung mit
einem Messer
glätten. Ein dünnes
Tonwülstchen, das
man zwischen Boden
und Gehäusewand
verstreicht, verstärkt
diese Nahtstelle.

7 Aus einer
weiteren Tonwulst
formt man am
oberen Gehäuserand
eine Ablage für den
Deckel und bestreicht
sie mit Schlicker.

8 Nun verklebt man den Deckel mit leichtem Druck mit der Ablage und streicht die Verbindungskanten sorgfältig glatt.

RECHTS: **Obwohl für einen traditionellen Zweck bestimmt, müssen Teekannen nicht unbedingt traditionell im Design sein.**

Windlichter

Auch Windlichter kann man mit dieser Technik herstellen. Sie können Sie aufhängen oder auf den Tisch stellen. Ein Windlicht ist so fabriziert, daß eine Seite Licht spendet, während die andere die Kerze vor Wind und Zugluft schützt. Sie können von jeder geometrischen Grundfläche ausgehen – ein Oval, ein Vier- oder Achteck. Da wir noch keine Eckverbindungen mit Platten hergestellt haben, wählen wir nun einen quadratischen Grundriß. Und für Töpfer mit Geduld: Ein sechseckiges Windlicht sieht sehr apart aus.

Für das Quadrat braucht man einen Teigroller, Holzleisten, ein Baumwolltuch, Modellierstäbchen, einige Blätter und Grashalme, eine Gabel zum Aufrauhen und Schlicker.

Verwenden Sie für die Platten hellen bzw. weißen, semiplastischen Ton.

Zuerst walzt man eine 5 cm dicke Platte so groß wie möglich aus. Daraus wird ein Quadrat von ungefähr 8–10 cm Seitenlänge geschnitten. Danach schneidet man vier längliche Rechtecke aus, deren Schmalseiten dasselbe Maß haben wie das Quadrat. Ihre Längsseiten bestimmen die Höhe des Windlichts; hier sind es 15–20 cm.

1 Zwei Platten sollen den Wind abhalten und weisen daher keine Lichtdurchbrüche auf. Mit diesen fängt man an. Blätter und Grashalme auf den noch feuchten Ton drücken, aber nicht überladen. Die Blattstengel müssen dabei durchgehend auf dem Ton aufliegen.

2 Rollen Sie vorsichtig mit dem Teigroller über die Motive, möglichst über alle auf einmal. Erst mit der Fertigstellung der Arbeit kommen feinste Linien zum Vorschein, die man im Rohzustand kaum erkennt. Sie würden durch zuviel Druck zerstört. Blätter und Gräser danach nur dann entfernen, wenn das problemlos möglich ist. (Der Rest fällt beim Trocknen oder Brennen ab, also keine Abdrücke riskieren!)

3 Die anderen beiden Platten wie oben vorbehandeln. Als nächstes schneidet man sich eine Schablone in Plattengröße. Damit überprüft man, ob alle Platten gleich groß sind, und ob sie auf den Boden passen, bevor man sie dort montiert. Die Platten auf Gipsplatte vortrocknen, dann die Lichtdurchbrüche ausschneiden. Sollte sich eine der Platten beim Bearbeiten etwas verzogen haben, so wird das mit Hilfe der Schablone korrigiert. Dann läßt man Sie auf Gipsplatte durchtrocknen.

4 Ein Ring in der Mitte des Windlichtbodens gibt der Kerze Halt. Um die Mitte zu finden, kreuzt man zwei Bindfäden über den Ecken. Jetzt die Platten abschließend in Form schneiden und die Eckverbindungen innen anschrägen. Den Boden rundum aufrauhen und mit Schlicker bestreichen.

Die abgeschrägten Kanten von zwei Seitenteilen ebenfalls mit Schlicker bestreichen und eine davon mit dem Boden verbinden. Diese festhalten und die andere im rechten Winkel dagegensetzen. Der Stabilität zuliebe sollte man die Platten ohne Durchbrüche zuerst verarbeiten. Einen Tonstrang in jede Eckverbindung einlegen und einarbeiten, auch in die Verbindung von Boden und Wand. Jetzt kann man die dritte eingeschlickerte Platte einsetzen und in jeder Ecke ein dünnes Tonwülstchen verstreichen.

5 Alle Verbindungen glattstreichen, bevor man die letzte Platte einsetzt; danach sind diese nur noch schwer zugänglich. Jetzt die Platte einsetzen und die restlichen Verbindungsstellen glätten. Will man das Windlicht aufhängen, sticht man jetzt noch zwei bis vier Löcher in die Wände. Nach dem Brennen zieht man einen Strick oder eine Kette zum Aufhängen durch diese Löcher.

Wenn Sie große oder besonders filigrane Durchbrüche geschnitten haben, sollten Sie die Arbeit sehr vorsichtig behandeln.

KAPITEL sieben

Drehen auf der Töpferscheibe

LINKS: **Sobald man einmal die Grundlagen beherrscht, bietet die Arbeit mit der Töpferscheibe schier unbegrenzte Variationsmöglichkeiten beim Formen und Gestalten.**

Die Arbeit auf der Töpferscheibe ist eine völlig neue Erfahrung und erfordert viel Geduld und Übung. Obwohl es so einfach aussieht, kann es viele Stunden dauern, bevor die Formen tatsächlich so gelingen, wie Sie sie geplant haben. Ein absolutes Muß für das Drehen auf der Scheibe ist gut gekneteter, blasenfreier Ton. Auch Wasser wird gebraucht, wenn auch auf andere Weise als beim Handmodellieren. Die Hände müssen immer feucht gehalten werden, deshalb sollte immer ein Eimer Wasser in Reichweite stehen. Besonders wichtig ist ferner ein Schwamm, um damit überschüssiges Wasser aufzusaugen.

Meist benötigt man folgendes Werkzeug: Schneidedraht; Drehschienen; Wasser; Schwamm.

Zentrieren

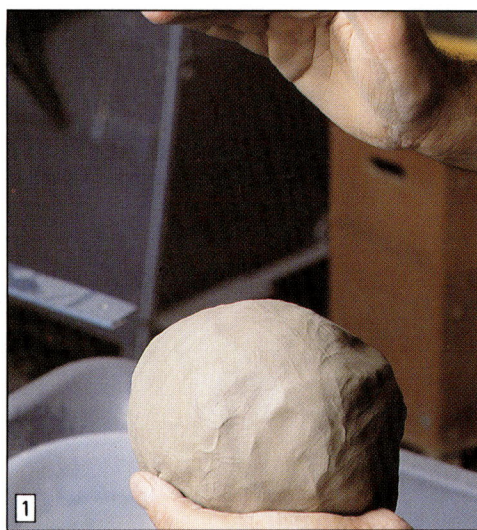

☐1 **Formen Sie gut vorgekneteten Drehton zu einer Kugel von ca. 1 kg Gewicht. Werfen Sie die Kugel möglichst in die Mitte der Scheibe, die sich entgegen dem Uhrzeigersinn dreht.**

☐2 **Packen Sie den Ton fest an, drücken Sie ihn auf die Scheibe und „quetschen" ihn mit beiden Händen zusammen. Dabei verändert der Ton seine Form und steigt etwas hoch. Nun den Ton fest mit der rechten Hand führen, mit der linken herunterdrücken und sofort wieder aufsteigen lassen. Drückt man mit beiden Handballen seitlich gegen den Ton, steigt er kegelförmig auf.**

☐3 **Diese Prozedur mehrmals wiederholen, bis der Ton gleichmäßig durch die Hände läuft und nicht mehr „eiert". Vermeiden Sie dabei jede heftige Bewegung, weder mit der Hand noch mit der Scheibe. Der Ton ist extrem formbar, er reagiert auf die kleinste Bewegung und verformt sich sofort. Um die Hände ruhig zu halten, stützt man beide Oberarme gegen den Körper ab.**

Aufbrechen

Vor dem Aufbrechen sollte man den sich drehenden Ton in die Form einer Halbkugel bringen. Dann drückt man mit beiden Daumen ein Loch in die Mitte und vergrößert es mit der linken Hand. Wenn sich die Hände dabei gegenseitig stützen, kann man sich so „mit ruhiger Hand" bis zum Boden durcharbeiten. Geben Sie dabei acht, daß dieser nicht zu dünn wird, denn sonst bricht er oder verzieht sich beim Abnehmen von der Scheibe. Halten Sie die Scheibe langsam an, und testen Sie die Stärke des Bodens mit einer Nadel. Wenn Sie zufrieden sind, werfen Sie die Scheibe wieder an. Ist der Boden zu dünn, fängt man am besten von vorne an, denn es ist praktisch unmöglich, diesen Fehler auszugleichen. Wenn sich der Ton wieder dreht, drückt man ihn mit der linken Hand langsam nach außen, bis er den gewünschten Durchmesser hat. Mit den Daumen in der Öffnung, umfassen Sie den Ton wieder mit beiden Händen, und drücken nun die Masse erneut nach innen.

UNTEN: **Nicht immer muß man Regeln buchstabengetreu einhalten: Ein Rand, der mit Absicht „unfertig" belassen wurde, kann sehr effektvoll wirken.**

Hochziehen

Beim Hochziehen drückt die linke Hand von innen gegen den Ton, um die Form zu halten. Mit der rechten Hand – oder besser mit dem Knöchel des rechten Zeigefingers – schiebt man den Ton nach oben. Geben Sie aber acht, daß die Seiten nicht zu dünn werden. Wiederholen Sie diesen Arbeitsschritt einige Male mit ruhigen, fließenden Bewegungen, bis Sie einen Zylinder mit gleich starken Wänden hergestellt haben. Während der Arbeit müs-

sen Sie ständig die Hände anfeuchten, um den Ton geschmeidig zu halten und zu vermeiden, daß er an Ihren Fingern klebt. Wenn der Ton trocken wird, bricht er, und das Stück verformt sich. Sobald die Wände zu dünn zu werden drohen, drückt man Daumen und Zeigefinger der linken Hand darauf. So wird überschüssiger Ton entfernt und die Wandung verstärkt.

Wenn Sie das Pech haben, eine Luftblase zu entdecken, stechen Sie sie mit einer Nadel auf. Im schlimmsten Fall müssen Sie dann von vorn anfangen.

1 Durch die Führung der linken Hand nimmt die Arbeit langsam Gestalt an.

2 Achten Sie darauf, daß die Wände nicht zu dünn werden.

3 Bauchige Formen erreicht man durch Druck von innen auf den Zylinder. Arbeiten Sie von unten nach oben.

Formgebung

Am einfachsten zu drehen ist eine Schale,
denn die Zentrifugalkraft der Scheibe
drückt den Ton automatisch nach außen.
Arbeiten Sie jedoch immer vom Boden
zum Rand, nie umgekehrt. Achten Sie ferner darauf, daß Sie mit der linken Hand
formen und mit der rechten ständig Ge-
gendruck erzeugen.

Wenn sich die Schalenwand zu schnell
weitet, beginnt sie zu „wabbeln" und reißt.
Sorgen Sie also dafür, daß sich die einzel-
nen Stellen nicht zu sehr weiten, sonst
sacken die Wände zusammen, da der Ton
über den Schwachstellen zu schwer wird.

RECHTS: **Die letzten Handgriffe an einer bauchigen Schale. Mit den drei Grundtechniken – Aufbrechen, Hochziehen und Druckanwendung – läßt sich jede erdenkliche Form kreieren.**

OBEN: **Soll das Gefäß oben verengt werden, legt man die Hände auf den Zylinder und schiebt den Ton mit sanftem Druck von außen aufwärts. Dabei verringert sich nicht nur** der Durchmesser, auch die Wandung wird verstärkt. Um das auszugleichen, drückt man mit der linken Hand von innen, mit der rechten leicht gegen die Außenwand.

LINKS: **Für eine bauchige Form zuerst eine zylindrische Grundform arbeiten, dann diese oben einengen. Mit der linken Hand wölbt man nun die Form von innen aus, während die rechte von außen leicht dagegenhält und gegebenenfalls korrigiert. Einem Krug „wächst" ein Hals, wenn man mit der rechten Hand von außen Druck auf die Grundform gibt, während man mit der linken den Ton von innen führt. Gleichzeitig zieht man den Gefäßhals nach oben.**

Fertigstellung

Stechen Sie mit einer Nadel ein Loch in die obere Gefäßwand, wenn der Rand dünn und uneben geworden ist. Die Nadel nimmt den Rand ab und schneidet eine saubere Kante. Den so entstandenen „Rand" läßt man zwischen zwei Fingern laufen und macht ihn so glatt und sauber. Fahren Sie nun mit einem Schwamm (Naturschwamm) schnell über die äußere Schicht, und entfernen Sie den Schlicker, der sich dort angesammelt hat – aber vorsichtig! Als nächstes saugt man mit dem Schwamm das Wasser auf, das sich im Gefäßinneren gesammelt hat. Während all dieser Arbeiten dreht sich die Scheibe langsam. Haben Sie die Arbeit beendet und sind zufrieden mit dem Ergebnis, stoppen Sie die Töpferscheibe. Mit straff gespanntem Schneidedraht schneiden Sie die Arbeit direkt über der Scheibe frei. Um sicherzugehen, daß sich das Stück leicht ablöst, zieht man den Draht zwei-, dreimal durch. Nun kippt man das Gefäß mit der linken vorsichtig ohne Kraftaufwand in die rechte Hand und stellt es auf Zeitungspapier oder Gipsplatte zum Trocknen. Sollten Fingerabdrücke darauf sein, wischt man sie mit dem Schwamm ab.

Schnaupe

Will man die Stücke als Krug oder Milchkännchen nutzen, müssen sie gleich nach dem Drehen einen Ausgießer erhalten. Ziehen Sie dazu den Rand mit dem rechten Zeigefinger zwischen Daumen und Zeigefinger der linken Hand heraus. Das muß sehr langsam vonstatten gehen, sonst wird der Rand überdehnt und reißt.

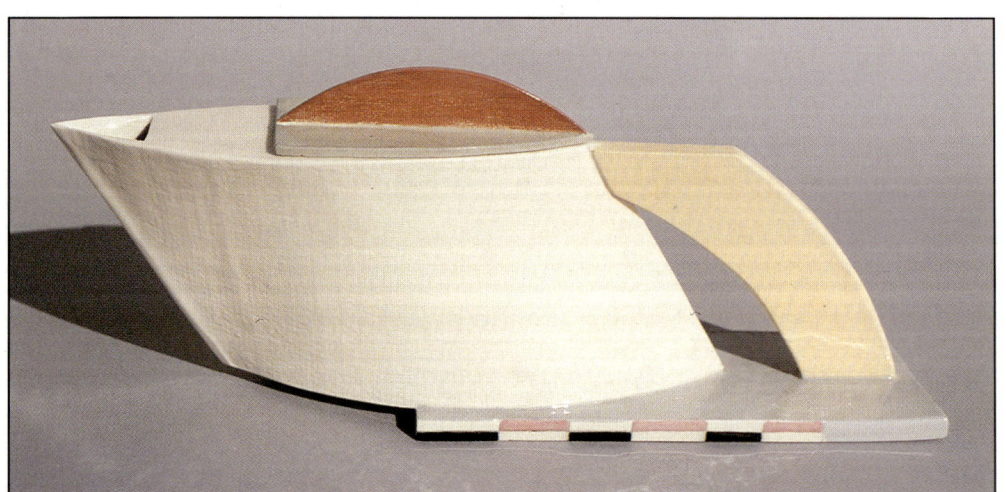

OBEN: **Eine handgedrehte Vase aus Santa Fé, Neu Mexiko.**

LINKS: **Hier wurde der Ausgießer in die geometrische Gesamtform integriert.**

Abdrehen

Um einen glatten Rand zu erhalten, wird
das Gefäß abgedreht, d.h., man entfernt
überflüssigen Ton und gibt der Unterseite
den letzten Schliff. Wenn man möchte,
kann man auch die gesamte Außenwand
mit einer Drehhilfe glätten. Auch Spiral-
muster oder Ringe werden beim Abdrehen eingeschnitten. Der beste Zeitpunkt
für das Abdrehen ist dann erreicht, wenn
der Rohling lederhart ist (normalerweise
am folgenden Tag). Ist der Ton zu trocken,
bröckelt er ab und reißt kleinere Stücke
aus. Ist er dagegen zu naß, klumpt der Ton
und klebt am Werkzeug fest.

LINKS: **Das Einschnei-
den von Spiralen
beim Abdrehen.**

OBEN: **Um die Unterseite abzudrehen, die Arbeit mit der Öffnung nach unten auf die Scheibe legen. Die Scheibe langsam laufen lassen und den Rohling ins Zentrum rücken. Dann mit kleinen Tonstückchen oder -wülsten fixieren.**

UNTEN LINKS: **Gefäße mit langem Hals, der nicht standfest ist, stellt man zum Abdrehen kopfüber in einen dickwandigen Zylinder. Diesen dreht man in Länge und Breite passend zum Rohling und läßt ihn lederhart austrocknen. Mit einer Modellierschlinge oder einem größeren speziellen Metall-Drehwerkzeug den überschüssigen Ton von Boden und Unterseite entfernen. Kleinere Formkorrekturen sind möglich, solange Sie die Wandstärke nicht verändern. Zum Schluß mit einem feuchten Schwamm säubern.**

OBEN RECHTS: **Die fertige Arbeit trocknen lassen. Da dieser Ton sehr viel Wasser enthält, braucht das Gefäß mehr Zeit zum Trocknen als die vorangegangenen Arbeiten.**

Henkel

Wenn Sie an einem gedrehten Stück zusätzliche Teile anbringen wollen, sollten
Sie das nach dem Abdrehen tun. Henkel
kann man auf verschiedene Weisen herstellen. Am einfachsten ist es, eine Tonwulst auszurollen und als Henkel zu verarbeiten. Das hat jedoch den Nachteil, daß
der Henkel vom gleichzeitigen Ziehen
und Krümmen des Tons schnell Risse be-
kommt und abbricht. Außerdem sieht ein
flacher Henkel besser aus als ein dicker.

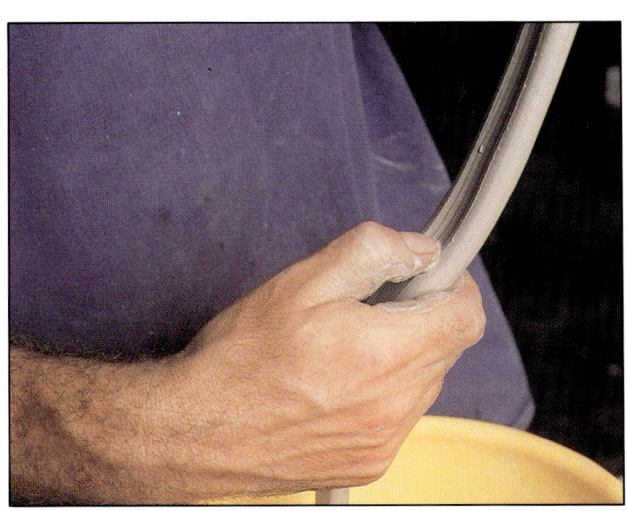

1 Dehen und Glätten einer Tonwulst für einen flachen
Henkel.

2 Erst die Ansatzstellen für den Henkel markieren, dann
beide Teile aufrauhen.

3 Eine konisch geformte Tonwulst auf den Arbeitstisch legen. Diese gleichzeitig dehnen und mit Wasser glätten. Dann schneidet man den nun flachen Tonstreifen von der Unterlage und hält ihn mit der linken Hand fest, während man ihn mit der rechten Hand unter fließendem Wasser glättet und in Form drückt. Dabei auch die Hände naßhalten. Den Tonstreifen, jetzt als Henkel erkennbar, über die rechte Hand legen und das obere Ende auf die markierte Stelle drücken.

4 Das untere Ende mit dem Daumen auf die richtige Stelle pressen, dabei evtl. „Überlängen" abdrükken. Die Verbindungen mit einem Schwamm oder mit einem Modellierwerkzeug säubern. Wenn Sie nicht sicher sind, ob der Henkel hält, nehmen Sie eine dünne Tonwulst zu Hilfe. Die Henkelform darf beim Aufsetzen und Glattstreichen nicht beschädigt werden. Außerdem sollte er nicht über den oberen Rand des Gefäßes hinausragen.

5 Je vollendeter die Linienführung und die Ästhetik, um so eher wird aus einem gewöhnlichen Tonkrug ein ganz besonderes Stück. Und noch eine Vorsichtsmaßnahme: Tragen Sie das Gefäß erst nach dem zweiten Brand am Henkel. Abgebrochene Henkel sind nicht mehr zu reparieren.

KAPITEL acht

Oberflächen-gestaltung

RECHTS: **Glänzend
glasiertes Tafelgeschirr
(Daphne Carnegy
Ceramics).**

RECHTS: **Handgearbeitete Rot-Ton-Vase in Aufbautechnik, geschliffen und poliert, von Magdalene Anyango Namakhiya Odundo, 1985.**

So perfekt Ihnen die Form von Krug oder Schale auch gelungen sein mag, eine falsche Glasur oder unpassendes Dekor kann diese Wirkung ruinieren. Und obwohl diese Technik schon beim ersten Versuch zu kühnen Plänen verführen kann, werden Sie bald feststellen, daß die einfachen, geradlinigen Effekte die sichereren sind. Sie mißlingen nur selten. Mit zunehmender Erfahrung kann man auch deutlichere Effekte ausprobieren. Halten Sie sich an folgende Schritte.

Dunkle Tonarten, die Manganbeimischungen enthalten, lassen sich im lederharten Zustand leicht polieren. Sie entwickeln ein farbiges Wechselspiel von Licht und Schatten und benötigen keine Glasur. Dagegen braucht man Glasuren für weiße und hell brennende Tonarten. Helle Tonsorten sind mit einem einfachen, mit Transparentlack geschützten Dekor am besten bedient. Eine allgemeine Regel lautet: Hellen Ton in hellen Farben und dunklen Ton in dunklen Farben

LINKS: **Steingut-Schüssel von Eric James Mellor, Großbritannien. Das Design wurde mit einfachen Farboxiden erzielt, die in Aquarelltechnik auf die Biskuit-Ware aufgemalt wurden.**

RECHTS: **Polierte und
dekorierte Rauch-
schale von Siddig El
Nigoumi, Großbri-
tannien. Sie wurde
mit roter Schlicker-
farbe überzogen
und das Dekor aus-
geritzt.**

UNTEN: **Verzierter
Teller aus Irdenware
von Ian McKenzie
und Fiona Salazaar,
Großbritannien. Die
Farben entstehen
vor allem durch
Unterglasurfarbtup-
fer, Inglasur-Malerei
und eine rosafarbene
Emaille-Überglasur.**

Engoben

glasieren, damit der Ton durchscheinen
kann. Will man Glasuren mit dem Pinsel
auftragen, ist ferner zu bedenken, daß die
Pinselstriche Unebenheiten auf der Oberfläche zurücklassen können.

Ritztechnikmuster soll man nicht glasieren, weil sie sonst ihre Wirkung verlieren.
Möchte man Farbe nehmen, sollte man die
Hohlräume mit farbiger Engobe ausmalen
und mit Transparentlack überziehen.

Engoben sind extrem feine, mit Oxiden
gefärbte Schlickerton-Arten. Solche Ton-
farben trägt man entweder auf die lederharte Form oder nach dem Rohbrand auf.
Weiße Tonfarbe kann man einfärben, indem man sehr feinen Pfeifenton-Schlicker
mit Wasser und Farboxid-Zugaben auf-
rührt. Kobaltoxid erzeugt eine blaue Engobe, Eisenoxid eine rote, Chrom- oder
Kupferoxid eine grüne, und Manganoxid
eine braune Tonfarbe. Um verläßliche Ergebnisse zu erzielen, sollte man kleine
Tonplättchen probebrennen. In Spezialgeschäften sind zudem günstige Fertig-
Engoben erhältlich, meist in Pulverform.
Um Abtönungen innerhalb einer Farbstu-
fe zu mischen, fügt man weitere Oxide
oder farbgebende Substanzen hinzu.

Die Pulver werden mit Wasser ange-
setzt und sollten – je nach Verwendungs-
zweck – eine milchige oder cremige Konsistenz haben. Vielleicht wollen Sie ja
auch verschiedene Engoben mischen.
Bewahren Sie die Mischung in fest verschließbaren Schraubdeckel-Gefäßen auf;
falls sie nach längerer Zeit dennoch aus-
trocknet oder zu dickflüssig wird, verdün-
nen Sie sie mit Wasser.

Auch alte Tonkrüge und -schüsseln
kann man gut mit Engoben bemalen.
Noch heute wird rustikales Geschirr mit
alten Mustern und Motiven in Erdfarben
dekoriert, die man mit Pinsel oder Malbällchen und Federzug aufträgt. Beim
Malbällchen befindet sich die Farbsub-
stanz in dem kleinen Gummibällchen und
wird mit leichtem Druck durch die Pipette
aufgebracht. Diese Technik hat durchaus
Vorteile gegenüber der Pinselmalerei. Der
rohgebrannte oder lederharte Ton saugt
Wasser auf wie ein Schwamm und trocknet den Pinsel sehr schnell aus. Aus dem
Malbällchen läuft die Farbe dagegen

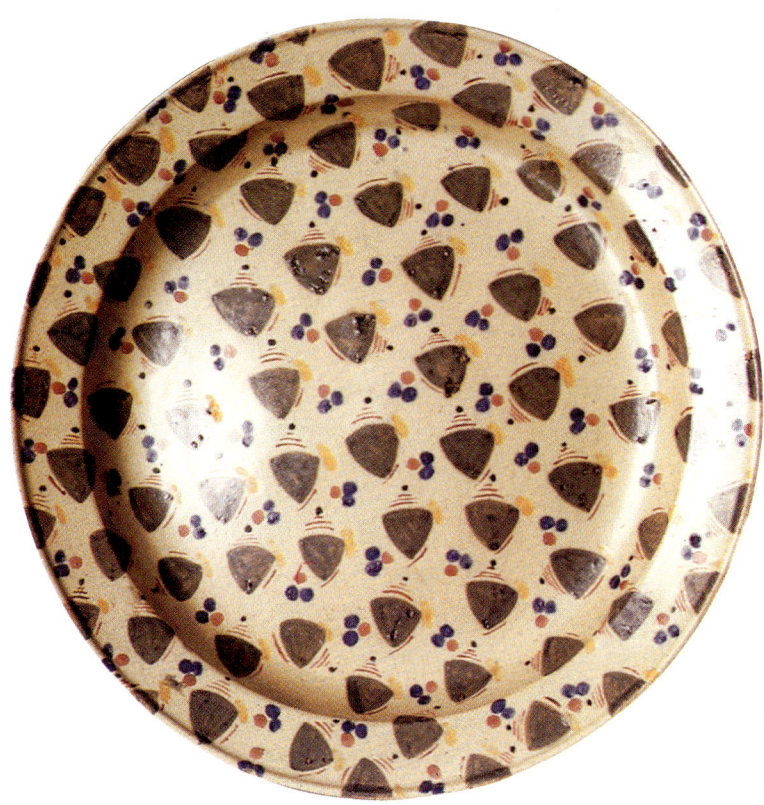

Steingut-Schale mit Glasur-Dekor von Janice Tchalenko, Großbritannien. Die Schale wurde mit einer halbglänzenden, weißen Magnesium-Glasur überzogen. Mit Pinsel und Malbällchen wurden die Farbglasuren nach dem Trocknen aufgetragen.

gleichmäßig auf die Scherbe, und die Muster können in einem Strich aufgemalt werden. Ausnahmen sind Pflanzenteile wie Blütenblätter oder Stengel. Diese sehen mit dem Pinsel besser aus, denn die Farben laufen nicht „um die Ecke", und eine Blüte malt man besser aus dem Handgelenk. Außerdem wirkt ein Pinselstrich lebendiger. Bei beiden Techniken sollte die Engobe die Konsistenz von leicht eingedickter Sahne haben.

Auch für andere Zwecke – außer zum Malen – verwendet man Engoben. Ein fertiges Stück kann damit ganz oder teilweise

in Erdtönen eingefärbt werden. Dazu gießt man die Engobe über die Arbeit (das nennt man auch „Beguß") und „ordnet" die kolorierten Bereiche danach mit dem Pinsel. Zu beachten ist dabei, daß die Engobe als Beguß eine dünnflüssigere Konsistenz (wie dünne Milch) haben sollte, während sie zum Bemalen dickflüssig (wie dicke Sahne) verarbeitet wird. (Dies erreicht man einfach durch Zugießen von Wasser.) Leuchtende Farben erhalten die mit Engoben behandelten Stücke nur, wenn man sie nach dem Rohbrand mit einer Transparentglasur überzieht. Das Begießen des Kunstwerks mit Engoben ist eine neue Vorge-

hensweise. Eine weitere besteht darin, Muster in die engobierten Flächen zu ritzen, die dann in der ursprünglichen Farbe des Tonkörpers herauskommen.

Zum Beguß der Innenflächen von Schüsseln oder anderer Hohlräume gießt man die Flüssigkeit in die Mitte des Gefäßes und schwenkt es mit kreisenden Bewegungen kurz mit der Farbe aus. Die Farbe gießt man so über den Rand aus, daß sich die Farbschichten nicht überlappen. Denn Engoben sind nichts anderes als feine Tonpartikel mit einem hohen Schmelzpunkt. Sie schmelzen nicht beim Brennen, verlaufen daher auch nicht. Das bedeutet, daß übereinanderliegende Farbschichten den Farbton intensivieren – was als Stilmittel sehr attraktiv wirken kann.

Zum Beguß der Außenwand hält man das umgedrehte Gefäß mit einer Hand fest und gießt die Flüssigkeit mit sanft kreisenden Bewegungen der anderen Hand darüber. Viele Arbeiten sind jedoch so groß, daß sie nicht mit einer Hand zu halten sind. Diese stellt man (ebenfalls kopfüber) auf zwei Holzleisten über einen Eimer. So kann man sie ganz einfach, langsam, aber stetig begießen. Kleinere Arbeitsstücke kann man auch ganz eintauchen. Halten Sie das Stück an zwei unauffälligen Punkten fest, und ziehen Sie es kurz durch die Tonglasur. Die beiden „Haltepunkte" werden dann mit dem Pinsel übermalt. Allerdings sollten nur gebrannte Arbeiten getaucht werden – ungebrannter Ton könnte zuviel Feuchtigkeit aufnehmen, quellen und schließlich reißen. Beide Techniken – Gießen und Tauchen – sind bei größeren Flächen dem Bemalen vorzuziehen, denn das Brennen bringt jede noch so winzige Unregelmäßigkeit ans Licht, und ein Pinsel hinterläßt immer Spuren.

Der wesentliche Unterschied in der Anwendung von Engoben auf ungebrannten und gebrannten Stücken liegt darin, daß die Farben auf letzteren intensiver herauskommen und die Engobe strahlender wirkt. Strukturen lassen sich auf diese Weise klarer hervorheben.

Beim Engobieren kann man eigentlich nur zwei Dinge wirklich falsch machen: Erstens die Engobe zu schnell aufzubringen, so daß sie abblättert oder bricht. Und zweitens eine fettige oder staubige Oberfläche zu bearbeiten, weil diese dann die Farben nicht annimmt. Fettig werden Gegenstände, wenn sie zu lange stehen und dabei oft umgesetzt werden. Mit einem

zweiten Schrüh- beziehungsweise Rohbrand läßt sich das Fett vollständig entfernen. Staub kann man (von gebrannten Stücken) gewöhnlich abwaschen. Ein letztes Problem betrifft allerdings das Dekor; wenn man beispielsweise eine blaue Blume statt einer roten gemalt hat. Solche Irrtümer sollte man mit einem Tuch abwischen oder nach dem Trocknen mit einem Messer abkratzen. Da die Farben zum Glück ungiftig, außerdem leicht zu handhaben und auch nicht zu teuer sind, können auch Kinder bedenkenlos damit experimentieren – was bei anderen dekorativen Techniken bekanntlich nicht immer der Fall ist.

Metalloxide

Metalloxide wurden schon in der Antike für Keramiken genutzt und sind der eigentliche Farbträger für diese Produkte. Ihr Vorzug liegt darin, daß sie ihre Farbkraft auch bei hohen Temperaturen nicht verlieren, sondern zum Teil sogar erst beim Brennen entfalten. Oxide sind zudem als Farbstoff für Glas sehr beliebt und können auch als farbige Unter- oder Überglasur verwendet werden.

Hier nun die wichtigsten Oxide für den Töpfer sowie die Farbtöne, die sie erzeugen: Kobalt ⇨ Blau, Eisen ⇨ Gelbrot bis Rotbraun, und Kupfer ⇨ Blaugrün. Mangan ergibt ein dunkles Braun bis hin zu bräunlichem Violett, Zinn ist ein wolkig weißer Farbgeber. Weiße Glasuren mit Zinnoxid-Beimischungen bilden die Unterlage für Fayence-Malereien. Chromoxide färben grün.

Eins der wichtigsten Oxide in der Glasurherstellung ist das Bleioxid. Es intensiviert nicht nur die Farbe, sondern erhöht auch die Schmelzfähigkeit der Glasuren und macht sie so transparenter und brillanter. Interessanterweise nutzen Glasbläser das Bleioxid für denselben Zweck.

Da Bleiverbindungen meistens giftig sind, kann man sie vom Hersteller nur in Form von sogenannten Fritten beziehen. Fritten sind geschmolzene, fein gemahlene (Farb-)Gläser. Durch die Hitze verschmelzen alle wasserlöslichen und giftigen Rohstoffe zu unlöslichen Silikaten; dennoch kann sich das Gift aus dem gebrannten Ton lösen, wenn es mit Säuren (z. B. Essig) in Berührung kommt. Also sollten Sie auf Geschirr keine Bleiglasuren verwenden. Und bei Brenntemperaturen ab 1140° C zeigt der Bleizusatz ohnehin keine Wirkung mehr. In bleihaltigem Glas ist das Metall so fest gebunden, daß es seine toxischen Eigenschaften verliert.

LINKS: **Servierplatte aus Steingut von Milton Moon, Australien. Eine gefühlvoll ausgeführte Inglasur-Malerei auf einer oxidierend gebrannten Steinzeugplatte. Das Dekor entstand aus Farboxiden auf einer Nephelin-Syenit-Glasur.**

UNTEN: **Keramikdose mit Dekor auf Weißglasur von Daphne Carnegie, Großbritannien. Eine opakweiße Unterglasur trägt ein Dekor aus reinen sowie mit Unterglasur gemischten Farboxiden, etwas Rot-Ton und einer zweiten Glasur für die roten Punkte.**

RECHTS: **Porzellangefäß von Robin Hopper aus Kanada. Grundform und Aufgarnierungen sind gedreht und von einer alkalischen Engoben-Glasur mit Kupfer- und Rutin-Beimischungen überzogen.**

UNTEN: **Raku-Schale von David Miller, Großbritannien. Nach dem Biskuit-Brand wurde sie mit Kupfer-Engobe glasiert, bei 930° C kurzgebrannt, dann einem rußbildenden Reduktionsbrand ausgesetzt.**

Somit bleibt festzuhalten, daß der Umgang mit Oxiden einiges an Übung erfordert. Für die ersten Erfahrungen mit Glasuren nimmt man am besten solche, die man mit Oxiden einfärbt. Um genaue Ergebnisse zu erzielen, sollte man das Mischungsverhältnis von Glasur und Oxiden schriftlich festhalten und mit Probebränden dokumentieren. Für Einsteiger ist das jedoch kaum die passende Methode. Anfänger sollten sich zum Unter- wie zum Aufglasurmalen für gebrauchsfertige Farben entscheiden, die leichter zu handhaben sind und bessere Ergebnisse garantieren.

Unterglasurfarben

Unterglasurfarben werden direkt auf die rohgebrannte Oberfläche aufgebracht. Falls die Arbeit mit Engoben bedeckt sein sollte, kann man auch diese bemalen. In diesem Stadium kann man den Ton auch mit Transparentglasuren überziehen.

Unterglasuren kann man in Pulverform oder gebrauchsfertig in kleinen Dosen erwerben. Wählt man erstere, die für gewöhnlich günstiger sind, so mischt man sie mit Dextrin oder Tapetenkleister. Hat man beides nicht, kann man auch dickes Zuckerwasser als Bindemittel nehmen. Hüten Sie sich jedoch davor, die Farbpigmente einfach mit Wasser anzusetzen, weil sie nämlich so nicht genug an der Oberfläche haften und verlaufen, wenn Sie die Glasur auftragen.

Die Fertigfarben werden als wäßrige Lösung verarbeitet und können wie Wasserfarben behandelt werden. Tragen Sie mehrere Pinselstriche zur Probe auf, um die Farbe zu testen, und finden Sie heraus, wie weit der Ton die Feuchtigkeit aufsaugt (schneller als Papier). Man kann die Farben auch miteinander mischen und erhält viele Schattierungen. Das Mischen erfolgt am besten auf einer Glasplatte.

Bei der Wahl der Pinsel sollten Sie nicht sparen. Ein guter Zobelhaarpinsel erleichtert Ihnen die Arbeit erheblich. Umgekehrt kann Ihnen ein schlechter Pinsel schnell die Freude verderben. Der spitze, farbgetränkte Pinsel sollte leicht, aber ruhig über die Tonoberfläche gleiten. Die Farben können sehr sparsam verwendet werden, da sie ihre Intensität ohnehin erst mit der Transparentglasur und nach dem Glattbrand erhalten. Fehler beim Malen lassen sich meist auswaschen, das wird aber schwierig, wenn die Farbe zu weit in den Ton ein-

GANZ LINKS: **Keramik-, Mal- und Zeichenstifte ermöglichen es, Biskuit-Ware völlig frei und präzise zu illustrieren oder zu beschriften.**

LINKS: **Ägyptische Einbalsamierungsflasche von Dick Studley, USA. Der Ton wurde mit stabilen Farbpartikeln eingefärbt. Auf der Basis von Kupfer-Manganoxiden wären die Farben gedeckter.**

UNTEN: **Die Vielfalt an Unterglasur-Farben zum Bemalen rohgebrannter Ware. Die Farben enthalten schwer schmelzende Bestandteile, damit sie sich beim Brennen nicht mit der Glasur mischen.**

gedrungen ist. Wenn der Fehler zu sehr stört, muß das gesamte Dekor abgewaschen werden. Bevor man dann wieder anfangen kann, muß der feuchte Ton trocknen. Nebenbei bemerkt, lohnt es sich, fertige Kacheln, Teller und andere unbemalte Stücke in Gußtechnik zu kaufen. Sie eignen sich sehr gut zum Bemalen, weil sie eine sehr glatte Oberfläche haben.

Nach dem Bemalen wird das Stück mit Transparentglasur übergossen, um den Farben ihre endgültige Intensität und Brillanz zu verleihen. Wenn Sie Unterglasurfarben kaufen, sollten Sie sich unbedingt deren höchstmögliche Brenntemperatur notieren. Wenn Sie dieses Limit überschreiten, können die Farben verbrennen. Bei hohen Brenntemperaturen neigen viele Farben zum Verblassen.

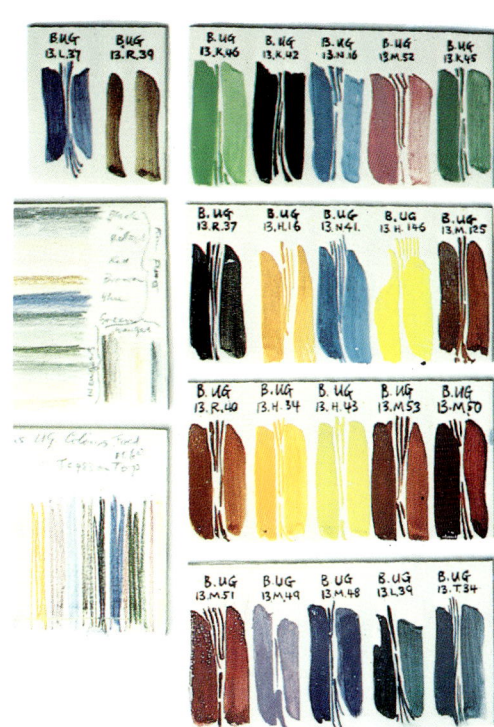

Inglasurfarben

Die bekanntesten Inglasur-Techniken, Majolika- und Fayence-Malerei, wurden bereits am Anfang des Buches beschrieben. Dazu werden Keramikfarben auf eine weiße Zinnglasur aufgetragen. Die Farben verbinden sich mit der Glasur und sinken in sie ein, verlaufen aber nicht dabei. Sie bleiben allerdings nicht so fest wie Unterglasurfarben.

War es noch recht einfach, unter der Glasur, d.h. direkt auf dem Ton zu malen, so ist das Malen auf der Glasur schon schwieriger. Man sollte es vorher auf Tonstücken üben.

Bei der Malerei auf der ungebrannten Glasur gibt es nur eine Korrekturmöglich-keit: die ganze Arbeit abwaschen, was bei großen Stücken nicht immer möglich ist.

Majolika-Farben sind als Pulver in Spezialgeschäften erhältlich. Man kann die Farben auch untereinander mischen. Da die Farbe augenblicklich von der Glasur aufgesogen wird, genügt es, das Pulver mit Wasser zu mischen.

Die Farbkonsistenz muß genau stimmen – ist sie zu flüssig, kann sie über die Glasur laufen, und es gibt „Löcher" in der Oberfläche. Ist sie zu dick, „sitzt" sie auf der Oberfläche und wirkt plump.

Mischen Sie kleinere Farbmengen auf einer Glas- oder Porzellanpalette, und fügen Sie tröpfchenweise vorsichtig Wasser hinzu. Rühren Sie nun die Farbkörper mit einem Messer unter. Die fertige Farbe

sollte auf der Palette nicht verlaufen, aber feucht genug sein, um nicht zu klumpen.

Dann bringt man eine weiße Glasur auf den gebrannten Ton auf, durch Begießen. Vor der Bemalung muß das Stück gesäubert werden, damit keine Glasur am Boden klebt. Jetzt kann man die Arbeit nur noch mit äußerster Vorsicht anfassen und sollte die bemalten Flächen dabei nicht berühren. Fangen Sie mit nur einer Farbe an, Sie können später weitere hinzunehmen. Mutige können es auch mit einem Oxid versuchen.

RECHTS: **Steingutvase mit glitzernder Aventurin-Glasur und einem Deckel aus Elfenbein von Henri Simmen.**

UNTEN LINKS: **Teller mit lebhaftem Früchte-Dekor von Clarice Cliff, Englands bekanntestem Keramikdesigner.**

Aufglasurmalen mit Schmelzfarben

Schmelzfarben bieten weitere Möglichkeiten, Töpferware zu dekorieren. Diese Farben werden auf die „fertig" glasierte und gebrannte Arbeit aufgebracht und bei niedrigen Temperaturen in die Glasur eingeschmolzen. Dazu ist ein extra Brand bei 600°–900° C erforderlich. Schmelzfarben kann man als Pulver kaufen, das man mit dickem Öl auf einer Glas- oder Porzellanpalette mischt. Auch diese Farben kann man untereinander mischen, um verschiedene Tönungen zu erhalten.

Die Maltechnik ist relativ einfach und leicht korrigierbar. Am besten benutzt man dazu einen feinen Pinsel. Zusätzlich zu den Schmelzfarben kann auch ein Goldschimmer in die Glasur eingeschmolzen werden. Zugegeben, dieser Schimmer ist sehr teuer, denn er besteht aus reiner Goldlösung, aber schon bei sparsamer Anwendung erreicht man wunderschöne Effekte. Mit Schmelzfarben läßt sich auch bereits gebranntes Porzellan bemalen. Und, wie erwähnt, die Farbauswahl ist praktisch grenzenlos.

Glasieren

Dies ist im Grunde das wichtigste Thema im Keramik-Dekor. Das Wort Glasur ist verwandt mit dem Wort Glas, und die Rohstoffe für beide Produkte sind in der Tat sehr ähnlich. Glasur ist gemahlenes, aufbereitetes Glas. Es ist daher nicht verwunderlich, daß Glas und Keramik oft dieselben Formen aufweisen.

„Glas" ist ein altes germanisches Wort. Als Glas in Form von Perlen und Schmuck während der Bronzezeit in Zentraleuropa allgemein bekannt wurde, erinnerte dieses neue glitzernde Material die Menschen an ihr bekanntes Bernstein, das damals „Glasa" genannt wurde: der „Schimmerer". Dieser Name ging auf die neue Substanz über, die seitdem als Glas bekannt ist. Glasuren sind jedoch nicht nur dekorativ, sie schützen auch die Oberfläche des Tons, machen sie wasserabweisend, glatt und farbig. Die Keramik wird härter und damit stoßfest.

GLASUREN KAUFEN

Es gibt transparente, farblose Glasuren sowie matte, glänzende, deckende und kristalline Sorten im Handel. Und aufgrund ständig neuer Entwicklungen werden immer wieder neue Glasuren kreiert. Proben werden normalerweise in Form von kleinen Tontafeln versandt. Es gibt sechs verschiedene Weißtöne und etliche andere Farben von Gelb bis Grün. Dabei ist zu beachten, daß eine braune Glasur auf dunklem Ton eine rötliche Färbung annimmt, während sie auf weißem Ton beinahe gelb erscheint.

Am einfachsten zu handhaben sind fertige Glasuren. Sie sind in Dosen erhältlich und leider recht teuer, aber man erzielt mit Sicherheit jedesmal denselben Farbton. Fertigglasuren sind sofort mit dem Pinsel aufzutragen, etwaige Unebenheiten während der Verarbeitung verschwinden beim Brennen. Die Glasuren lassen sich außerdem miteinander mischen, nebeneinander auftragen oder als Muster verarbeiten (z.B. Tupfen in einer zweiten Farbe, die dann mit der darunterliegenden Glasur verläuft). Mit diesen Fertigglasuren kann man ausgezeichnete Ergebnisse erzielen.

Herkömmliche Glasuren sind in Pulverform erhältlich und werden mit Wasser angerührt. Zuvor muß man jedoch zwischen bleifreien und bleihaltigen Glasuren unterscheiden. Letztere bieten, nebenbei bemerkt, das bessere Farbsortiment, denn Bleiglasuren sind wesentlich einfacher herzustellen.

Bleihaltige Glasuren können nur für Deko-Keramik verwendet werden, eben-

LINKS: Schimmernde, ausgedrehte Schale von Margery Clinton, Großbritannien. Nach einem Biskuit-Brand wurde die Schale mit Zinnglasur überzogen. Spezielle Silber- und Kupfer-Salze werden mit Glasur vermischt und mit einem Schwamm auf die ungebrannte Glasur aufgetragen.

UNTEN: **Steingut- und Porzellanschalen von Lucy Rie, Großbritannien, die eine Reihe Hochtemperatur-Gelbtöne zeigen. Links eine ausgedrehte Porzellan-Schüssel mit einer transparenten wachsgelben Glasur. Rechts wurde ein Porzellan-Rohling für diese Schale mit einer gelben Transparentglasur überzogen. Mitte: eine gelbgefleckte Barium-Mattglasur auf einem Steingut-Körper.**

so wie Glasuren, die Cadmium oder Selen enthalten. (Cadmium-Glasuren sind gelb, Selen-Glasuren rot.)

Zweitens ist die Brenntemperatur zu beachten. Tonware (Keramik) sollte bei 1000°–1060° C, Steingut bei 1100°–1300° C gebrannt werden. Die bei niedrigeren Temperaturen gebrannten Glasuren sind farbintensiver. Bei höheren Brenntemperaturen dagegen sind alle Glasuren farbecht und können daher auch für Lebensmittel verwendet werden, aber die Farbpalette ist deutlich vermindert. Dennoch kann man immer noch zwischen matten, glänzenden, transparenten und „milchigen" (opaken) Glasuren wählen.

Neulinge sollten versuchen, Keramiken mit niedrigeren Temperaturen zu brennen. Das Material verhält sich berechenbarer

während des Brennvorgangs, obwohl es auch hier Überraschungen geben kann. Bei den Glasuren ist die transparente am wichtigsten; sie ist meist auch die preiswerteste. Für Schmuck- und Dekostücke sollte man eine Bleiglasur verwenden, wegen des brillanteren Glanzes. Bleiglasuren sind zudem für alle inneren Glasurschichten empfehlenswert. Sie sind hier nicht nur ungiftig, sondern im Erscheinungsbild zusätzlich appetitanregend. Zu guter Letzt werden diejenigen Stücke, die mit einer Engobe oder einer Unterglasurfarbe bemalt worden sind, mit einer Schicht Transparentlack überzogen. Wer experimentieren möchte, färbt sie mit Oxiden.

Als zweite Glasur kann man es mit einer einfachen weißen Schicht versuchen, die man auf vielerlei Arten verwen-

den kann. Man kann sie bemalen, farbverändernde Substanzen aufbringen oder schlicht weiß lassen. Wer sich für Zusatzglasuren entscheidet, sollte sich beraten lassen, ob sie leicht aufzutragen sind und zur ersten Schicht passen. Lassen Sie sich nicht von den phantastischen Farben verwirren. Wählen Sie eine Glasur, die sich leicht verarbeiten läßt. Später, mit etwas mehr Erfahrung, können Sie ein breiteres Farbspektrum nutzen.

ANSETZEN DER GLASUR

Mischen Sie die Glasur mit Wasser, bis sie eine sahnige Konsistenz annimmt. Um Zeit zu sparen, setzt man die Glasur einen Tag vorher an. Tragen Sie, wenn irgend möglich, eine Gesichtsmaske, wenn Sie das Pulver in den Eimer schütten! Dann gießt man das Pulver mit Wasser auf, ungefähr einen Liter pro kg Glasur. Diese Mixtur rührt man mit einem Holzstab oder mit einem alten Holzlöffel um und siebt sie anschließend durch. Durchsieben ist auch dann zu empfehlen, wenn die Glasur klümpchenfrei zu sein scheint. Sie wird dann in fest verschließbaren Behältern aufbewahrt. Sollte sie trotzdem austrocknen, fügt man Wasser hinzu, bis sie wieder im richtigen Mischungsverhältnis ist. Einige Glasuren setzen sich schnell am Boden ab und müssen mit sogenannten Glasurstellmitteln stabilisiert werden, die diesen Prozeß verzögern oder sogar verhindern. Andere vertragen keinen Frost und müssen entsprechend aufbewahrt werden.

PROBEBRÄNDE

Um das Verhalten von Glasuren nachvollziehen zu können, sollte man auf kleinen, numerierten Tontäfelchen Probebrände durchführen. Dokumentieren Sie die Ergebnisse z. B. in einem Schulheft: wie die Glasur mit Schmuckfarben reagiert, wie

Grün-braune Glasuren   Gebrannte Siena-Glasuren   Blaßbraune Glasuren

stark sie sich mit Engoben vermischt, und wie sie sich auf verschiedenfarbigem Ton verhält. Sie sollten außerdem verschiedene Brenntemperaturen ausprobieren. Am besten brennt man immer ein Täfelchen liegend und eines stehend, um zu sehen, inwieweit die Glasur verläuft. (Bei einigen Glasuren gibt es dabei erhebliche Unterschiede.) Solche Testverfahren sind unbezahlbar, da sie bedeutsame Arbeiten vor groben Fehlern bewahren können, die die gesamte bisherige Leistung zunichte machen würden.

GLASUREN AUFBRINGEN

Glasuren kann man auf vielerlei Arten aufbringen; für den Hausgebrauch geht es am einfachsten mit dem Pinsel (vorzugsweise ein 2 cm breiter Borstenpinsel). Man malt jedoch nicht damit, sondern trägt die Glasurmischung mit leichter Hand in einer

OBEN: **Die Streifen auf diesem Bild wurden im Seidensiebdruck-Verfahren direkt auf die Scherbe aufgebracht und nach dem Trocknen mit farbigen Transparentglasuren besprüht. Dies zeigt die unterschiedliche Wirkung verschiedener Glasuren.**

Richtung auf. Da der gebrannte Ton Feuchtigkeit schnell aufnimmt, benutzt man
einen Pinsel, der Wasser lange hält. In
Spezialgeschäften findet man eine riesige
Auswahl an solchen Pinseln.

Hohlkörper zuerst innen ausschwen-
ken, am besten mit einer dünnen Transparentglasur. Falls etwas nach außen läuft,
kann man es später abwischen, denn der
Ton saugt Wasser auf, und die Glasur liegt
dann wie Pulver auf der Keramik. Zuletzt
glasiert man die Außenseite, 0,3–1,5 mm
dick. Neben dem Pinsel gibt es weitere
Methoden. Man kann das Stück eintauchen, mit Glasur begießen oder mit einer
Spritzpistole besprühen. Für die Spritzpistole braucht man aber eine Spezialkabine.

Tauchen Sie das Stück vorsichtig kurz
ein und lassen es dann über dem Glasureimer abtropfen. Einen Hohlkörper hält
man kopfüber, damit die Glasur nicht nach
innen läuft. Größere Gefäße kann man mit
einer Glasurzange halten, aber das erfordert Übung. Der Ton saugt beim Eintauchen schnell Wasser, dadurch dickt die
Glasur ein und muß hin und wieder ver-
dünnt werden. In der Gruppe kann man
diese Technik besser einsetzen, weil hier
größere Mengen Glasur verfügbar sind.

Eine beliebte und leichte Alternative
für zu Hause ist das Begießen. Kann das
Objekt in einer Hand gehalten werden,
hält man es am Boden fest und begießt es
unter sanften Drehbewegungen.

Falls das Stück zu groß und zu schwer
ist, legt man zwei Holzleisten über den
Glasureimer und stellt das Stück kopfüber darauf. Dann begießt man es. Wenn
Sie eine Ränderscheibe besitzen, stellen
Sie den Eimer darauf, so daß sich der
Eimer mit der Töperarbeit dreht. So wird
die Glasur sauber verteilt. Ein Tip: Wenn
man Transparentglasuren an manchen
Stellen zweimal aufträgt, erzeugt das
interessante Effekte.

RECHTS: **Eine Glasur
in reinem, unver-
fälschtem Blau
wurde dezent in
Gold eingefaßt.**

AUFRÄUMEN

Wischen Sie die Standfläche Ihrer Arbeit
sorgfältig ab, damit sie nicht an der Scha-
motte-Platte im Brennofen festklebt. Ferner ist zu empfehlen, den Bodenbereich
2–3 mm weit frei von Glasur zu halten.
Für den Fall, daß die Glasur verläuft, kann
man sich so die lästigen Tropfen am Boden
ersparen. Denken Sie daran, daß Glasuren
empfindlich sind und Sauberkeit verlan-
gen. Für jede Glasur braucht man einen
Extra-Pinsel. Um die Glasur staubfrei zu
halten, verschließt man den Glasureimer
nach Gebrauch.

Glasurreste hebt man in einem anderen
Behälter auf, ebenso den Glasurstaub, der
beim Abwischen der Arbeit entsteht.
Dieser Glasur-Mix kann hübsch aussehen,
sollte aber nicht in die reine Mischung
einfließen. Man kann sie jedoch auf jeden
Fall zum Glasieren nicht sichtbarer Innenwände nutzen.

Zu guter Letzt sollten Sie an Ihren eigenen Schutz denken. Glasurpartikel haben
scharfe Kanten, wie schnell abgenutzte
Malpinsel und abgewetzte Holzlöffel zeigen. Atmen Sie den Glasurstaub deshalb
auf keinen Fall ein, und tragen Sie beim
Mischen der Glasuren unbedingt eine Gesichtsmaske. Da Glasuren zudem Giftstof-
fe enthalten können, sollte man bei der
Arbeit auch nicht essen, trinken oder rau-
chen. Tragen Sie außerdem immer Gummi-
handschuhe.

KAPITEL neun
· · · · · · · · · · · · ·

Brennen

Töpferware beim Brennen
im Ofen.

Der Rohbrand

Der Ton erhält seine Festigkeit durch das Brennen, wodurch der formbare Ton in eine solide Keramik umgewandelt wird. In der großen Hitze „sintert" der Ton, d.h., seine Mineralstoffe verschmelzen und verfestigen sich.

Zwei Brände sind nötig, um den Ton-Rohling in eine glasierte Keramik zu verwandeln. Der Rohbrand (auch Rauhbrand) bereitet die Ware auf die Glasur vor, obwohl der erste Brand theoretisch nicht notwendig ist. Einige Hersteller lassen ihn aus, in der Meinung, daß die Glasur in ungebrannten Ton wirkungsvoller eindringt. Für den Hausgebrauch ist es jedoch leichter, auf dem rauhgebranntem Ton zu arbeiten, da die Grünware sehr empfindlich ist und schnell bricht.

Der Rohbrand geht bis 900° C. Bei dieser Temperatur ist der Ton fest, aber noch porös genug, um die Glasur annehmen zu können. Die Endtemperatur sollte man in drei Stufen erreichen, da beim Brennen verschiedene chemische Umwandlungsprozesse stattfinden. Die erste kritische Phase liegt bei 200°– 300° C, die zweite bei etwa 600° C. Einige der Tonpartikel beginnen bei diesen Temperaturen zu schmelzen und kleben die Rohstoffe zusammen. Da diese chemischen Reaktionen das Material sehr stark belasten, sollten sie langsam erreicht werden.

UNTEN: **Man braucht Zangen, um die Ware im Ofen zu bewegen.**

TEMPERATUREINSTELLUNG UND BRAND

Heutzutage gibt es etliche elektronisch gesteuerte Brennöfen, bei denen man nur noch das Programm vorwählen muß. Sie haben mindestens zwei Programme, eins für den Roh- und eins für den Glasurbrand. Manche Hersteller bieten außerdem Programme an, die auch komplexere Brennzyklen bewältigen können. Solche Öfen verfügen über sehr zuverlässige Temperaturregler und einen Sensor, der den Hitzegrad im Ofen mißt.

In weniger anspruchsvollen Öfen ohne elektronische Regler wird die Temperatur von Segerkegeln (dreiseitige, dünne Pyramiden) gemessen. Sie sind so konstruiert, daß sie bei einer bestimmten Temperatur schmelzen und sich verbiegen. Man stellt drei Kegel in ein Beobachtungsfenster im Ofen, so daß man sie gut sehen kann. Der mittlere Kegel ist an die gewünschte Brenntemperatur gekoppelt und verformt sich, sobald diese erreicht ist; der vordere reagiert auf niedrigere Temperaturen und ist in diesem Stadium bereits „umgefallen". Der dritte fällt erst bei einer höheren Temperatur. Diese Kegel kann man für Hitzegrade von 600°– 2000° C kaufen.

Elektronische Öfen, bei denen man nur noch das Programm vorzuwählen braucht, sind enorm teuer. Es gibt auch Öfen, bei denen man die Temperatur, die Heizleistung und die Zeitspanne, in der die End-

UNTEN: **Glasieren nach dem Rohbrand.**

temperatur gehalten werden soll, vor Beginn des Brennens einstellen muß. Sie kontrollieren automatisch die Temperatur und schalten im gewünschten Moment ab.

Für die erste Brennphase bis zu 300° C braucht man nur eine Heizleistung von 20–30 Prozent. In dieser äußerst kritischen Phase wird dem Objekt auch das Wasser entzogen. Wenn noch zuviel Feuchtigkeit im Ton enthalten ist, die nicht entweichen kann, gibt es eine Explosion im Brennofen. Die zweite Brennphase bis ca. 600° C wird mit 50–60 Prozent Heizleistung erreicht. Oft ist auch ein Zeitschalter für diese zweite Brennstufe vorhanden. Stellen Sie ihn auf 4 bis 6 Stunden für empfindliche oder dicke Stücke und 2 bis 4 Stunden für einfachere Arbeiten ein. Die dritte Brennphase bis 900° C wird bei voller Kraft gefahren, denn die Stücke sind jetzt fest, und das Wasser ist verdampft. Diese Temperatur wird 20 Minuten gehalten. Da ein elektronischer Ofen diese Brennstufen automatisch kontrolliert und reguliert, ist so etwas natürlich ein wahrer Schatz. Nutzen Sie ihn, wann immer Sie können.

Den Ofen bestücken

Um den Platz im Ofen so gut wie möglich zu nutzen, muß man zusätzliche Borde anbringen, z. B. aus hitzebeständigen Ziegeln und Ofenstützen. Ziegeln gibt es in verschiedenen Größen. Für Zwischenebenen, die nicht die gesamte Ofenfläche beanspruchen, kann man auch halbe Ziegel verwenden. Das ist auch mit Lochziegeln möglich; sie haben weniger Masse und heizen sich deshalb schneller auf, verbrauchen also weniger Strom. Lochziegel haben jedoch zwei Nachteile: Erstens sind sie zerbrechlicher, zweitens kann beim Glattbrand Glasur durch die Löcher auf darunterliegende Arbeiten tropfen, wenn

ein Stück zu dick glasiert ist. Teller und Kacheln kann man in speziellen Ablagen platzsparend unterbringen. Beim Rohbrand kann man auch kleinere Gegenstände in größere stellen, da hierbei keine Glasur schmilzt und nichts verkleben kann. Dabei ist jedoch besonders vorsichtig zu verfahren, denn die Teile brechen sehr leicht. Tragen Sie kein Stück am Henkel, sondern heben Sie sie von unten hoch. Vermeiden Sie ferner, schwere Teile auf leichte, dünne oder zerbrechliche Sachen zu stellen. Versuchen Sie nie, zu viele Kleinteile in eine große zu packen, und denken Sie daran, daß Öffnungen beim Brennen schwinden können. Es ist sehr verführerisch, flache Kacheln in andere Stücke zu legen, da man sie besonders schlecht stapeln kann. Aber sie gehören auch zu den empfindlichsten Stücken in dieser Brennstufe. Am besten legt man sie flach nebeneinander, so daß sie möglichst wenig Platz brauchen.

Es ist sehr wichtig, daß die Luft im Ofen gut zirkuliert. Der beste Platz für flache Stücke befindet sich daher in der Mitte des Ofens. Runde Stücke überstehen den Brand gewöhnlich ohne Probleme und können anderswo abgestellt werden. Außerdem sollte man gleich große Stücke zusammenstellen. Kleinteile legt man zusammen mit den Brennstützen auf die unterste Ebene. Diese müssen die höchste Arbeit mindestens 3–4 mm überragen, so daß die schwere Brennplatte die Rohware nicht zerdrückt. Das läßt sich leicht mit einer Holzleiste überprüfen, die man von einer Stütze zur anderen bewegt.

Wenn man drei Stützen verwendet, steht die Platte sicherer und kann nicht wackeln. Dazu baut man die Stützen so im Dreieck auf, daß sie möglichst weit am Rand der Platte und gleichmäßig über die Fläche verteilt sitzen. In einem Rundofen ist diese Dreieckskonstruktion ideal.

GEGENÜBER: **Ein offener Ofen kann manchmal sehr praktisch sein, obwohl er nur begrenzte Handhabung erlaubt.**

Wenn Sie einen viereckigen, großen Ofen bestücken wollen, stellen Sie am besten eine Brennstütze in jede Ecke.

Dann wird die Brennplatte auf die Stützen gelegt – in großen Öfen oft ein hartes Stück Arbeit, da man mit äußerster Vorsicht vorgehen muß. Wenn man dabei ein empfindliches Stück zufällig anstößt, bricht es fast immer entzwei – irreparabel.

Wenn der Brennofen groß genug ist, kann man mehrere Platten einlegen. Dabei ist zu beachten, daß beim Einsetzen der Stützen und Platten immer eine über der anderen steht, da die Platten sonst brechen können.

Wenn am Ende einige hohe Stücke übrig sind, die keine ganze Lage mehr ergeben, baut man mit einer kleinen oder halben Platte eine „Mezzanine" ein. Seien Sie aber vorsichtig! Die Grünware, die Sie in den Ofen setzen, ist sehr empfindlich. Stellen Sie die Stücke mit beiden Händen ab, um Unfälle zu verhüten. Nicht „nachhelfen"! Was nicht locker in den Ofen paßt, wartet besser auf den nächsten Brand.

Sobald der Ofen gut gefüllt ist, wird er verschlossen, und der Brand kann beginnen. Anschließend kann der Ofen bei etwa 200° C wieder etwas geöffnet werden. Die meisten modernen Brennöfen verfügen über Temperaturanzeige; so kann man gut sehen, wann sie wieder auf diesen Punkt zurückfällt. Öffnen Sie den Ofen keinesfalls früher, da die Abkühlung das Material zusammenzieht, und ein „Kälteschock" Risse verursachen könnte. Bei ca. 100° C kann man die Arbeiten aus dem Ofen nehmen.

Glasurbrand

Im Glasurbrand – wie der Name schon sagt – „brennt" die Glasur in den roh gebrannten Ton ein. Während dieses Brennvorgangs schmilzt die Glasur, sie wird flüssig und verbindet sich als fester Überzug dauerhaft mit der Scherbe. Die Festigkeit der Keramik richtet sich jeweils nach dieser Temperatur.

BRENNTEMPERATUREN
● Irdenware, z. B. Tafelware, Schmuck- oder Deko-Keramik, wird bei Temperaturen von 1040°–1060° C gebrannt.
● Steingut wie Gebrauchsgeschirr, Kacheln und Waschbecken brennt man bei Temperaturen um die 1250° C.
● Steingut für Tafelgeschirr, Bodenfliesen, Elektrokeramik und säurebeständige Behälter wird bei Hitzegraden von 1300° C gebrannt.
● Gröberes Steingut umfaßt Rohre, Klinkersteine, Tröge, Gurkenfässer und Bierhumpen und wird bei 1000° C gebrannt. Salzglasuren brennt man ebenfalls bei dieser Temperatur. Dazu wirft man während des Brennvorgangs Kochsalz in den Ofen. Die auftretenden Dämpfe produzieren den typisch transparenten, seidig-matten Schimmer dieser Ware. In Elektroöfen kann man jedoch keine Salzglasuren verwenden, da das Salz sich dabei in die Elektrik einbrennt.
● Porzellan braucht Temperaturen von 1350°–1460° C. Es ist die härteste und widerstandfähigste Gebrauchskeramik. Die besten Ergebnisse erhält man, wenn man sowohl den Ton als auch die Glasur im selben Geschäft kauft – vorausgesetzt, die Substanzen passen zusammen.

Brennen und Abkühlen

Wenn die glasierten Teile trocken in den Ofen kommen, kann man sie mit voller Heizleistung brennen. Falls die Teile noch recht feucht sind, sollte man sie in der ersten halben Stunde mit verminderter Leistung brennen. Dabei immer daran denken, daß das Material beim Brennen

GEGENÜBER: **Nach dem Brennen sollten Sie der Ware Zeit zum Abkühlen lassen.**

OBEN: **Eine Sammlung von hell glasiertem Tafelgeschirr (Daphne Carnegie Keramik).**

GEGENÜBER: **Mit einigem Fachwissen und Phantasie sind die Möglichkeiten in der Töpferkunst schier unbegrenzt, wie diese außergewöhnliche Teekanne zeigt.**

wie beim Abkühlen stark beansprucht wird. Letzteres sollte deshalb nicht abrupt geschehen. Öffnen Sie den Ofen nur bei niedrigen Temperaturen, und räumen Sie ihn erst dann aus, wenn er ausgekühlt ist.

DEN OFEN BESTÜCKEN

Diese Arbeit, vor dem Glasurbrand, muß man mit äußerster Sorgfalt verrichten. Kein Stück darf das andere, die Ofenwände oder die Einsätze berühren. „Türmchen" sind nicht erlaubt. Jeder Gegenstand muß für sich stehen, und die Luft soll frei zirkulieren können. Gleich große Stücke gruppiert man zusammen.

Die Standfläche sämtlicher Teile muß sauber sein, obwohl man ein Tröpfchen Glasur nicht immer vermeiden kann. Manchmal läuft und tropft die Glasur, und eine Arbeit „verbackt" so mit der Brennplatte, daß man sie mit Hammer und Meißel losschlagen muß. Um das zu vermeiden, stellt man die Gegenstände auf Dreikant-Stäbchen oder -Füße. Sobald die erste Ebene eingebaut ist, stellt man eine Brennplatte darüber und setzt die zweite Lage ein. Falls trotz aller Vorsicht doch ein Tropfen Glasur auf die Platte fallen sollte, entfernt man ihn mit Hammer und Meißel sofort nach dem Abkühlen. Man kann derartige Schwierigkeiten allerdings von vornherein ausschließen, wenn man die Platte vorher mit einer Trennsubstanz bestreicht. Die Glasur läßt sich dann einfach mit einem Spachtel abschaben. Anschließend sollte man das „Loch" in der Schutzschicht sofort überpinseln.

Register